死ぬまでゴルフ!

ゴルフ人生を全うするための18訓

山口信吾

人間の機知が発明した遊戯で、
ゴルフほど健康な保養と、爽快な興奮と、
つきることのない楽しさの源泉を与えるものはない。

アーサー・バルフォア

『不滅のゴルフ名言集③』摂津茂和著より

はじめに

ぼくは35年間にわたって一貫して多忙なサラリーマンでした。8年前、60歳で定年を迎えてからは、民事調停委員を務めるかたわら、自らのゴルフ体験をもとに文筆活動をしています。

ゴルフを始めたのは43歳と遅く、しかも長い間、仕事上の付き合いだけでゴルフをしていたのです。6年後の49歳のときに、ホームコースに入会したのが転機になりました。熱心に練習するようになりラウンド数も増えたのです。

51歳のときに研修会に入会して上級者に揉まれているうちに、シングルにあと一歩というところまで順調に上達しました。しかし、そこでぱったりと上達が止まって、立ちふさがる壁をどうしても破れませんでした。

57歳のとき、我がコーチ、三浦佳世子プロ（アコーディア・ゴルフ所属）と出会ったのを機に、「還暦までにシングルの壁を破る！」と一念発起しました。そして、我がコーチと二人三脚で、我流スウィングの矯正に取り組んだのです。その甲斐あって、1年10カ月後には還暦を前にして、公式ハンディキャップ9をもらい、晴れてシングルの仲間入りをしました。さらに、その半年後、クラブ選手権競技での好成績を機にハンディキャップは8になったのです。

仕事や家庭をおろそかにしたわけではありません。毎日のように練習場に通って大量のボールを打ったわけでもないのです。それでもシングルの壁を破ることができたのは、仕事で培った知識と経験を生かして、「理にかなった効率的な練習」をしながらラウンド術を磨いたからです。

シングルの壁を破って以来、著書やゴルフ雑誌、ホームページ上で、ぼくが編み出したアマチュアならではの上達法を語り続けてきました。ぼくの上達法が、多くの読者の共感を得たのは、「時間もない、お金もない、体力もない中高年のサラリーマンでも、工夫すれば無理なくシングルになれる」というメッセージが伝わったからだと思っています。

第1章「上達環境を整える」と、第2章「臨界点を超えよう」では、ぼくがこれまで8年にわたって探究してきた上達法を集大成しています。

本書を参考にして、ぜひとも臨界点を超えて、股関節を存分に使う「下半身主導のスウィ・ン・グ・」を身につけていただきたいのです。一度身につけた下半身主導のスウィングは一生の財産になり、年齢を重ねても飛距離はそれほど落ちません。さらには、下半身の動きが「主」で、上半身の動きが「従」になるので、腰やヒザを痛めることがなくなり、ゴルフ人生を大幅に延ばすことができます。

ゴルフは、年齢を重ねてからでも上達できます。ぼくの周りには、60歳をすぎてから始めてシングルになった人がいます。80歳をすぎてからエージシュートを何度も達成した人もいます。ゴルフなら年配者が若者と互角に勝負できるのです。

人間の大脳を真横から見て、前方に張り出した前頭葉の一番前のところは「前頭前野」と呼ばれます。前頭前野は脳の司令塔であり、人間の脳のなかで最も大切な場所です。ゴルファーは、ティーグラウンド上ではどんな攻め方をしようかと計画し、状況を判断し、カラダの各部位に動きの割り振りをしてショットします。ゴルファーは常に前頭前野を鍛えているのです。

しかも、ラウンド中は、同伴者と会話を続けます。この他人とのコミュニケーションが、前頭前野を大いに活性化させます。

言葉だけではなく、身振り手振りや表情などを読み取ろうとすることも大事なコミュニケーションです。特に表情の観察はとても大事だそうです。ナイスショットをしたり、ミスショットをしたりしたときの喜怒哀楽は、表情となって顔に表れます。相手の気持ちを理解しようと顔を見つめて、その表情の変化から相手の真意を読み取ろうとする行為がコミュニケーションなのです。

さらには、フェアウェイで股関節歩行（本文で詳しく解説）をすれば、カラダの骨格筋の3分の2を占める足腰の筋肉の鍛錬になり、平衡《へいこう》感覚を鍛えて、血流を促進させ、骨粗しょう症を予防して、大脳を刺激することができます。

ドキドキワクワクしながら親しい友だちとゴルフを愉《たの》しんでいれば、間違いなく「健康寿命」は延びます。ゴルフは、愉しみと健康と未来への希望とを与えてくれるのです。そのうえ、精進さえ続ければ一生プレーできるのです。こんなスポーツは他にありません。

本書の第3章「ゴルフの恵みを味わい尽くす」では、ぼくがどっぷりとつかっているゴルフの奥深い世界を披露しています。親しいゴルフ仲間とのマッチプレーを通じた交流や、四季折々の手作りゴルフ旅、そして、15年にわたって続けているイギリスやアイルランドにある「リンクス」と呼ばれる自然のままのコースを巡る旅などについて詳述しています。

ゴルフには、コンペで優勝したりベストスコアを更新したりすることにとどまらない無限の愉しみが詰まっているのです。

ゴルフ人生を完走するためには、なんといってもゴルフをとことん愉しむことです。ゴルフの恵みを味わい尽くそうとすることが、ゴルフ人生を完走するコツなのです。

ゴルフを愛するみなさん、真剣にゴルフに向き合って精進を続け、ゴルフの恵みを心ゆくまで味わいながら、ゴルフ人生を全うしようではありませんか。

山口信吾

（注）本書では、正しく表記するとわずらわしくなるので、広く使われている和製英語であるシングル（ハンディキャップが1桁のゴルファーのことで、正しくはシングル・フィギュア・ゴルファー）、ティーグラウンド（正しくはティーインググラウンド）を使っています。なお、本文中では、ピッチングウェッジ、アプローチウェッジ、サンドウェッジを、それぞれPW、AW、SWと略しています。また、3～9番ウッドを3～9W、ゴルフクラブをGC、カントリークラブをCCと略しています。

死ぬまでゴルフ！――目次

写　真　黒瀬康之（表紙・裏表紙）
鞍留清隆（P33・36・43・49・50・59・76）
菊田香太郎（P69・159・163）
山口信吾

撮影協力　山の原ゴルフクラブ（兵庫県）
アコーディア・ガーデン甲子園浜（兵庫県）

イラスト　内山弘隆

装　丁　UDM（松山裕一、五十嵐賢紘）

第1章
上達環境を整える

1番
ホール

ゴルフでも〝仕事脳〟を使う

ゴルフでは〝遊び脳〟が働く

仕事では、場当たり的に行動することはないはずです。予算と時間が限られたなかで成果を出すには、目的と手段、費用対効果を考えたうえで慎重に行動し、重要なことから着手すると思います。

ところが、仕事ではよく考えて、冷静に計算してから行動するビジネスマンが、ゴルフとなると子供に変身してしまうことがあります。

たとえば、仕事帰りに立ち寄ったゴルフ専門店で、多くの人がドライバーを衝動買いしています。近年、試打ができる店が増えてきました。試打をすると、「振りやすいでしょう」「ヘッドスピードが出ていますよ！」「飛んでいますね！」と販売員が言葉巧《たく》みに勧めてきます。仕事帰りの軽い気分で、ワイシャツの袖をまくってドライバーを振って、ヘッドスピードが上がるはずがありません。〝仕事脳〟を使えば、「本当かな？」と疑問が湧くはずです。ところが、ゴルフとなると、不思議に〝仕事脳〟ではなく〝遊び脳〟が働くのです。

ゴルフショップでよく使われている弾道測定器では、向かい風は「マイナス4」まで、追い風は「プラス5」まで設定できます。ヘッドスピードの測定は、向かい風に設定すれば辛くなり、追い風に設定すれば甘くなります。さらには、「レンジボール」と「コースボール」の設定ができます。打ちっ放し練習場で使われているレンジボールは、反発力が低くボールスピードが出ないので飛距離が落ちます。レンジボールの設定でコースボールを使って測定すれば飛距離は過大表示されるのです。

自分の正確なヘッドスピードを知ることは、クラブ選びの基本中の基本です。小型のヘッドスピード測定器を購入するか、信頼できるゴルフ工房やクラブメーカーなどでフィッティングを受けて、自分のヘッドスピードを正確に把握する必要があります。自分の正確なヘッドスピードを把握していれば、試打するときに〝遊び脳〟が働くのを抑えることができます。

横浜ゴム（プロギア）が、ヘッドスピードをクラブ選びの基準として導入したのは1984年のことです。それまで漠然としていたクラブ選びの基準に、ひとつの客観的な目安ができたのです。プロギアのクラブは、「M－37」「M－40」「M－43」「M－46」というように分類されています（数字は対応しているヘッドスピード）。自分のヘッドスピードに合わせてクラブ選びができるように工夫されているのです。

データという「客観」と、自分の感覚という「主観」の両方に基づいてクラブを選べば、適切なクラブを選ぶことができます。

クラブ選びにおいては、なにはさておき総重量を吟味する必要があります。クラブの違いは総重量に凝縮されていると言ってもよいからです。クラブの総重量を吟味するときには、試打対象のクラブの総重量をあらかじめ調べておいて、実際にボールを打って、重さを実感するのです。

ドライバーを例にとれば、総重量が異なる4～5種類のドライバーを試打すれば、290グラムは軽すぎるな、295グラムでも軽いかな、300グラムがちょうどかな、305グラムは少し手ごわいな、310グラムはきついな、というようにわかります。このとき、年齢にかかわらず、「振り切れる範囲で重いクラブ」を選ぶのが正解です。

後述しますが、軽すぎるクラブは手打ちを誘う危険な選択です。「ちょっと手ごわいかな」というクラブは使いこなしていくうちに、ヘッドスピードが徐々に上がります。

自分に適したクラブが見つかれば、クラブへの迷いがなくなり、練習に集中できます。

あとは、スウィングを磨くしかないのです。信頼できるクラブを手に入れることが上級者になるための大切な第一歩です。

費用対効果を考える

ゴルフで〝仕事脳〟を使うための第1のカギは、費用対効果を考えることです。今や、仕事においては費用対効果が厳しく問われます。売り上げや利益につながる経費でなければ認められません。

ところがゴルフとなると、多くの人が費用対効果のことを考えていません。次々とドライバーを買い替える人、また、打ちっ放し練習場で無造作に連続打ちをする人が多いのです。

上達するうえで費用対効果が高いのは、①筋トレやストレッチ②素振りや後述する「W字腰切り体操」③パターマットでのパットやアプローチの練習です。初期投資や経費がまったくかからない①と②の費用対効果は無限大です。③の練習に必要なのはわずかな初期費用と、わずかなスペースだけです。①～③はすべて自宅で実践できます。

つまり、費用対効果を最大化するためには、自宅での練習を生活の一部にすればよいのです。ぼくは、コースや打ちっ放し練習場は、「自宅での練習の成果を試すところ」だと思っています。

次に費用対効果が高いのは、「かかりつけコーチ」のレッスンです。ぼくがシングルの壁を破ると一念発起してから、1年10カ月の間に使ったレッスン費用は、ドライバー2本分にすぎません。コーチの助けを借りなければ、いかに努力したとしても、短期間でシングルになることはできませんでした（レッスンについては、「2番ホール」で詳述）。

ぼくがゴルフに使っている1年間の経費を把握すれば、費用対効果の様相が明らかになります。ご参考までに、左にぼくの昨年のゴルフ経費を示します。

●ラウンド経費……54万円（76％）
プレー代（35ラウンド）……35万円（49％）
ホームコース年会費……4万円（6％）
研修会会費……5万円（7％）
ゴルフ旅（3回、旅費込）……10万円（14％）
●練習経費……15万円（21％）
コーチ謝礼……6万円（8％）
打ちっ放し練習場（週1回）……5万円（7％）
アプローチ練習場（週1回）……4万円（6％）

自宅練習（パット、素振りなど）……0円（0％）
●消耗品（ボール、グリップなど）……2万円（3％）
●合計……71万円（100％）

クラブや靴などは、5年間使うとして、購入価格の5分の1を年間経費として計上します。ここでは、クラブと靴などは、すでに6年間使って減価償却が終わっているので計上していません。

もしクラブを一新するとすれば40万円はかかります。すると、年間8万円の経費増になります。また、6万円で購入したドライバーを1年で買い替えるとすれば、古いドライバーを2万円で売却するとしても、年間4万円の経費増になります。年間ゴルフ経費を増やせないのであれば、どこかを削る必要が出てきます。つまり、むやみなクラブの買い替えは予算を圧迫するのです。

ぼくは、アプローチ練習に力点を置いて練習しています。1時間700円で打ち放題のアプローチ専用練習場に通って、年間1万6000球のボールを打っています。アプローチの精度は、ぼくのゴルフの生命線なので、この練習をおろそかにするわけにはいきません。この年間1万6000球を、1球15円の打ちっ放し練習場で打てば、現状4万円で済んでいるアプローチ練習のボール代は24万円に跳ね上がります。

また、打球練習の頻度を上げることも大事です。1カ月に1回400球をまとめ打ちするより、5回通って各回80球打つほうが、はるかに効率的に上達できます。一度覚えた打ち方のコツも、放置しておくとすぐに忘れてしまうので、できるだけ早く復習して、「長期記憶」にすることが欠かせないのです。

さらには、やみくもにボールを打たないこと。レッスンから持ち帰った宿題を復習しながらボールを打つのです。復習をするだけであれば、50球もあれば足ります。

コーチへの謝礼6万円は大きな費用に見えるかもしれません。しかし、これは経費全体の8%にすぎません。2週間に1回レッスンを受けて、年に1回ラウンドレッスンを受ける、この8%の経費が上達のカギなのです。これだけで、次に述べる、ゴルフの「PDCAサイクル」が回るからです。

レッスンは、「費用対効果が高いゴルフ経費」であると断言します。

PDCAサイクルを回す

〝仕事脳〟を使うための第2のカギは、「PDCAサイクル」を回すことです。方針や計画をあらかじめ立て、それを実行に移し、途中で進み具合を点検して、問題があれば対策を立てるのです。ちなみに、PDCAとは、PLAN（計画）、DO（実行）、CHECK（点検）、ACTION（対策）の頭文字をとったものです。

PDCAサイクルを回すうえで、一番難しいのが点検（C）です。多くの人が、計画（P）と実行（D）には熱心に取り組んでも、点検（C）と対策（A）を怠って〝やりっ放し〟になったり、次から次へと新しいことに取り組んでしまいがちです。

レッスンとラウンドを軸にして、1～2週間単位のPDCAサイクルを回せば、着実に上達の階段を上がることができます。

ラウンドのあとで、練習ノートをとりながら、過去1～2週間のゴルフを振り返ると、「練習場では上手く打てるようになったのに、コースでは駄目だったな」とか、「また悪い癖が出ているな」とわかり、自然に次の1～2週間の「練習テーマ」が決まります。

次にフルショットやアプローチの練習に行ったときには、練習テーマに的を絞って色々と試行錯誤し、「カラダをこう動かせば上手く打てる」という感触をつかむのです。

次のレッスンでは、コーチに取り組んでいる練習テーマを告げたうえで、成果を見てもらいます。多くの場合、いくつかの改善点が指摘されます。我がコーチの目は本当に鋭い！　次の打球練習では、レッスンで指摘されたことを念入りに復習するのです。こうしていると、1～2週間単位の「計画→実行→点検→対策」というPDCAサイクルが効率

●ゴルフPDCAサイクル

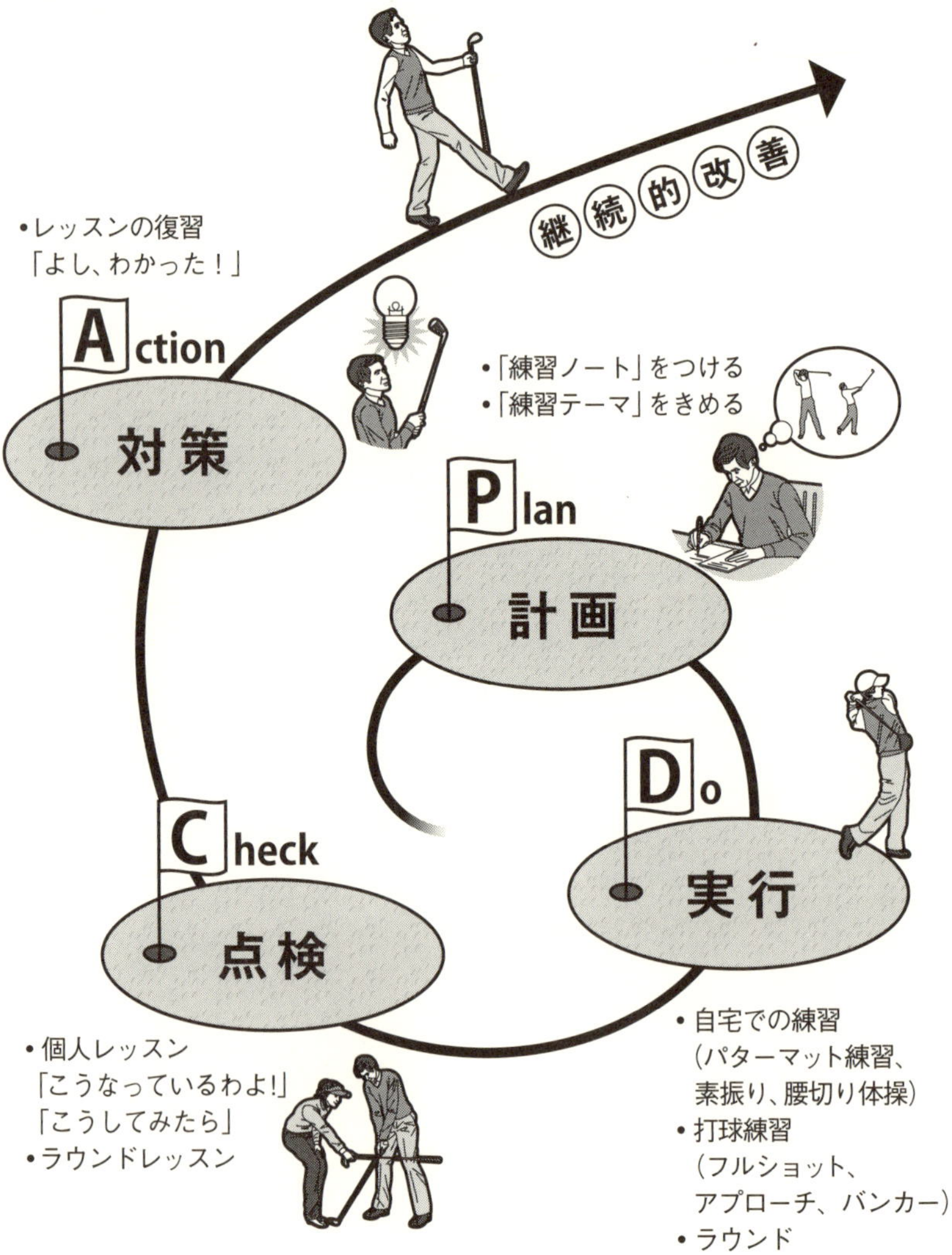

継続的改善
・レッスンの復習
「よし、わかった！」
Action
対策
・「練習ノート」をつける
・「練習テーマ」をきめる
Plan
計画
Do
実行
Check
点検
・個人レッスン
「こうなっているわよ!」

「こうしてみたら」
・ラウンドレッスン
・自宅での練習
（パターマット練習、
素振り、腰切り体操）
・打球練習
（フルショット、
アプローチ、バンカー）
・ラウンド

よく回ります。

レッスンを〝受けっ放し〟ではたいした上達はありません。レッスンとは点検なのであり、点検で見つかった問題に対して自身が対策を立てなければ、せっかくのレッスンがムダになりかねないのです。

多忙な方にとって、1~2週間単位のサイクルを回すのは難しいかもしれません。しかし、あまり長い単位のサイクルだと、途中で迷路に入り込んでしまう恐れがあるので、できるだけ短い単位で、無理のないサイクルを定着させることをお勧めします。

「練習ノート」をつける

仕事であれば、仕事の経緯を記した打合記録を書いて、上司や関係者に配布します。打合記録を書く一番の目的は、社内の関係者が情報を共有することですが、もうひとつ大事な効能があります。打合記録を書けば頭を整理することができて、仕事を進めるうえでの問題点が浮かび上がるのです。

仕事の打合記録に倣《なら》って、ぼくは13年間にわたって『開眼・閉眼』と名付けた練習ノートをとっています。スコアやパット数だけでなく、ラウンドでの成功と失敗、その原因や反省点、レッスンで指導されたこと、自分なりに復習して新たに湧いてきた疑問などを、残らず記録。気がついたことは、なるべく早く、記憶が残っているうちに記します。1年間で、B5判ノート数冊分の記録が残ります。

また、ゴルフ雑誌を読んでいて、取り組んでいる課題の解決につながるレッスン記事に出くわすと、切り取って練習ノートに貼り込んでいます。問題点が頭の隅にあってこそ、レッスン記事が意味を持つのです。これを続けるうちに、ぼくだけの貴重なゴルフ教本ができあがります。

ぼくの本棚には練習ノートがずらりと並んでいます。時々、そのうちの何冊かを取り出して読み返しています。すると、「あのとき、こうすれば上手くいった！」

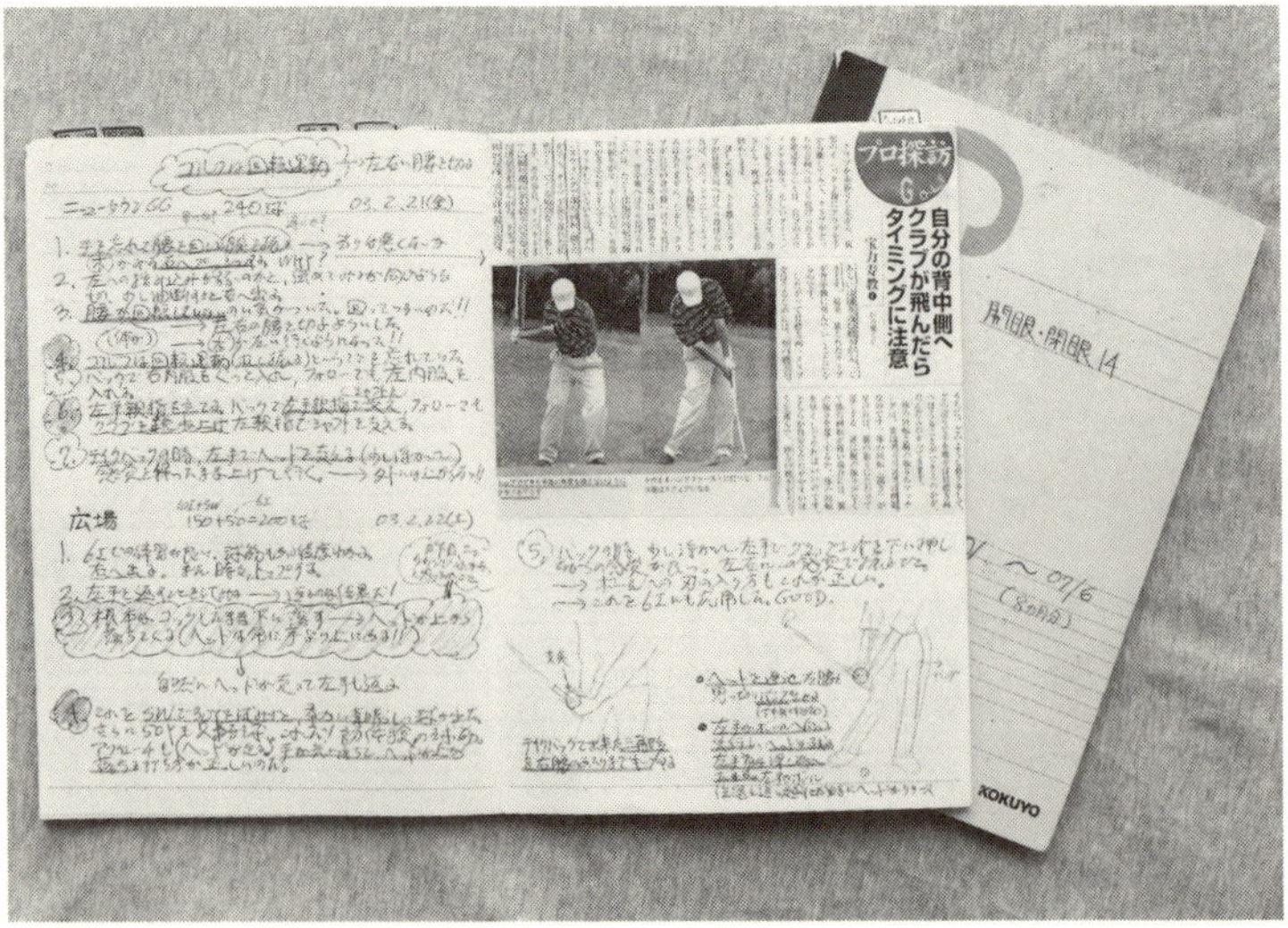

できるだけ記憶が鮮明なうちに記録に残す

と思い出します。一度開眼したのに、いつの間にか忘れてしまっているスウィングのコツを再発見すると同時に、かつてぼくを悩ましていた課題の多くがすでに解決済みであるということもわかるのです。

古い練習ノートを読み返すと、上達とは「こうすれば上手くいく」という小さな開眼の積み重ねなのだとわかります。2歩前進、1歩後退しながら、少しずつ着実に上達していることがわかれば、「頑張ろう！」という気持ちがふつふつと湧いてきます。

「かかりつけコーチ」と二人三脚をする

子供は本能で、大人は理性で上手くなる

30年間もジュニア育成に力を注いできた千葉晃プロが、「大人と子供では覚える順序がまるで逆で、別物である」と、2004年1月20日号の『週刊ゴルフダイジェスト』で述べています。

「大人の場合は、まず正しい知識・意識を持つ。そして練習量を積んで、覚えたい技術を潜在意識に焼き付けて無意識にできるようにする。この順番で進まないと向上しません。子供の場合は逆です。直接、潜在意識、潜在能力に訴えるのが一番早い。きれいなフォームをまず見せる。シャフトが風を切る音、芯に当たったときのインパクトの音やナイスショットが飛んでいる姿や音を感じさせる。『見る・聞く・感じる』と五感で感じさせて、それを真似させる。そして褒める。この繰り返しをしていけば、あっという間にボールをちゃんと打てるようになります」

大人は、「このようにカラダを動かせば上手く打てる」と納得してはじめて、正しいスウィングがカラダに染み込んでいきます。自分のカラダを動かしながら納得をしてこそ反復練習をする意味があります。自分の頭のなかで見つけた理由のほうが、他人の頭の中で発見された理由よりも深く納得できるものです。

「正しい知識・意識」とは、スウィングとショットの因果関係のことです。ショットや弾道という「結果」にこだわっているだけでは進歩はありません。「結果」をもたらしている「原因」を知ることが重要なのです。

たとえば、多くのミスショットの原因はリズムの乱れです。しかし、リズム感を身につける練習をしている人や、ラウンド中に、リズムを保つ工夫をしている人は稀《まれ》です（リズム感を身につける練習については後述）。

借り物スウィングは実戦で通用しない

レッスンでは「スウィングを教えてもらう」と思っている人が多いようです。かつて、ぼくもそう思っていました。柳生新陰流《やぎゅうしんかげりゅう》や北辰一刀流《ほくしんいっとうりゅう》などの剣道の流派のことが頭にあり、○○打法や○○流を伝授してもらうのがレッスンだと思っていたのです。実は、そのような独特の打法を教える有名レッスンプロのもとに5カ月間ほど通ったことがあります。高いレッスン料を払いながら毎週通って、言われるがままボールを打っているうちに、4カ月ほどして、「だいぶ恰好がついてきた」と褒められるようになりました。

しかし、いざコースに出ると変な当たりばかり出ます。修業が足りないのだと思ってさらに通い続けましたが、ついには、仲間に「一体どうしたの?」と怪訝《けげん》な目で見られる始末です。結局、なにかおかしいと疑問を持つようになって、このレッスンを中止したのです。高い勉強代でした。

「○○打法を教わる」というのでは上達は難しいのです。言われるがままに受け身でボールを打っているだけでは決して上達できません。「借り物スウィング」はコースでは通用しないのです。

長くゴルフを続けてきた人であれば、だれしも自分なりのスウィングを身につけています。それを全否定して、新しいスウィングを植え付けようとしても根付きませんし、また、脱ぎ捨てる必要もないのです。

プロであれアマチュアであれ、ゴルファーは、自学自習しながら自らスウィングを構築するのです。個々人によって骨格や筋力は異なり、理想のスウィングは、人それぞれのなかに、それぞれの数だけあるのだと思います。その証拠にプロゴルファーのスウィングもそれぞれに個性的です。

現在のスウィングに、たとえ欠点があったとしても、時間をかけて築いた大きな財産なのです。それを投げ捨てるのはもったいないことです。

少しずつスウィングの欠点を直していく

一般アマチュアのスウィングには多くの欠点があります。その欠点を少しずつ直していけば、一歩一歩着実に上達することができます。そのためには、まず、自分のスウィングの欠点を自覚する必要があります。自覚していなければ、その修正に取り組むことはできません。


打ちっ放し練習場などで他人のスウィングを観察すると、「変なスウィングをしているな」と直感でわかります。しかし、具体的にスウィングのどこが悪いのか判然としません。

そこで、コーチに助けてもらうのです。ぼくが1球打つごとに、斜め後ろから見守っている我がコーチ、三浦佳世子プロから問題点の指摘があります。ミスショットが出たときに、「こうなっているわよ」と身振り手振りで教えてもらうと、自分のスウィングの欠点が浮き彫りになります。そこで、「こうしてみたら」という助言があります。その場で、もらったヒントを手掛かりにしてカラダの動きを修正していると、鋭い当たりが出るようになってきます。後ろから見ているコーチから「そうそう！」と言ってもらえば、「こうすればよいのだ！」という確信を得られます。

レッスンで教わったことをそのまま放置していては、すぐに忘れてしまいます。教わったことを「宿題」として持ち帰るのです。この宿題が上達のカギです。

次のレッスンまでの間に、何度か打ちっ放し練習場に行って、レッスンで指摘されたことを復習します。コーチの前では「こうすればよい！」とわかったはずなのに、自分ひとりになるとボールを上手く打てないことがあります。欠点の修正は一朝一夕には進みません。すぐに成果が表れなくても、自分なりに復習することが大事です。

次のレッスンでは、宿題に取り組んだ成果をコーチに披露します。「ずいぶんよくなったわね！」と褒められれば、子供のように嬉《うれ》しいのです。自分の努力はムダではなかった、成果が上がっていると理解すれば、もっと頑張ろうという意欲がみるみる湧いてきます。

また、そのあとにコースへ行くと、目に見えて成果が出ることがあります。当たりが鋭くなり、ミスショットの数も減っていることに気がつくのです。

ひとつの欠点の修正が済んでから、次の欠点に取り組みます。欠点の修正は果てしないのです。一度修正できたはずの欠点が、また顔を出すこともあります。それでも、欠点は少しずつ修正されて、人それぞれのなかにある理想のスウィングが、徐々に姿を現しますし、それを進めていけば、あるとき、一挙に上級者への道が開けます。

我がコーチの教え方のよいところは、欠点の具体的な修正法を惜しみなく伝授してくれるところです。たとえば、ぼくには「打ちにいく」とか「キャストする」と言われる、コックを解きながら切り返してしまう欠点があります。克服したと思ってもまたぞろ顔を出す宿痾《しゅくあ》と言ってもよい欠点です。

三浦プロ（左）の鋭い目がスウィングの狂いを見逃さない

　この欠点の直し方は具体的に教わったので

よくわかっています。グリップエンドにティを差し込んでおいて、コック（手首の「タテ動作」）を保ったまま、グリップエンドをボールに向かって落としながらダウンスウィングをするのです。すると自然にコックが解けて鋭いショットを打つことができます。打ちっ放し練習場に行ったときには、時々、このグリップエンドをボールに向かって落とす練習をするようにしています。一度克服した欠点の再出現を防止することも重要なのです。

三浦佳世子プロには、12年にわたって師事しています。ゴルフの上達には時間がかかりますから、コーチに励ましてもらってこそ、向上心を忘れないで精進を持続できるのです。

話はそれますが、伴侶は11年にわたって週1～2回スイミングスクールに通っています。通い始めたころにはカナヅチだったのに、今では毎回、クロールに、背泳ぎ、平泳ぎを交えながら楽々と1000メートルを泳いでいます。長年、通い続けることができたのは、コーチに励ましてもらいながら、少しずつ確実に上達できたからです。上達を実感できてこそ、やる気が出て続けられるのです。

同じ動作を繰り返す練習は退屈で、ひとりで練習していると続けにくいのです。ゴルフであれ水泳であれ、コーチと二人三脚で練習すれば続けることができます。

室内レッスンでカラダの動きに集中する

ぼくは、我がコーチから、ネットで囲まれた狭い試打室で個人レッスンを受けています。狭い室内ならではの利点があります。弾道を気にしないで、自分のカラダの動きに意識を集中できるのです。弾道を気にすると、どうしても手を使って真っすぐ打とうとしがちになります。しかし、手先を使っていては、いつまでたっても弾道が安定しません。

ボールが右へ出たか左へ出たかは、コーチの目にはっきりと映っています。弾道を見るのはコーチに任せておいて、カラダの動きに集中します。

レッスンには、AW、6番アイアン、5W、ドライバーを持参し、20分間に40～50球のボールを打ちます。短い時間であっても、一球一球コーチに見てもらいながら大きな筋肉を動員して真剣にボールを打っていると、思いのほか体力を使います。また、一度のレッスンであまり多くの指摘を受けても消化不良になりかねません。個人レッスンとして20分間はちょうどよい時間です。

我がコーチは、ゴルフシミュレーターを備えた室内練習場でも教えているので、そこで教わることもあります。ゴルフシミュレーターとは、プロジェクターで投影されたコースの映像に向けてボールを打ち、ショットの弾道やスピードをセンサーが感知して、その結果が画面上に反映される機器です。

ゴルフシミュレーターで、「つま先下がり・左足下がり」の実戦練習

ゴルフシミュレーターを備えた施設は「ゴルフバー」と呼ばれているので、飲食を楽しみながら模擬ラウンドをしてわいわいと遊ぶ場所だとばかり思っていました。ところが、練習場としても大いに有効なのです。

ゴルフシミュレーターを使ってのレッスンには、2つの利点があります。

1つは、実戦的に傾斜ショットの練習ができることです。

打席の台を前後左右に傾けて、様々な傾斜を現実に近い形で練習することができるのです。

2つは、弾道やヘッドスピードや飛距離などを、表示してくれることです。さらには、ヘッドの軌跡まで示してくれます。弾道が右へ出てスライスするときは、ヘッドが「アウトサイドイン」の動きをして、フェースが開いて動いていることがはっきりと示されます。その場で、コーチの助言を受けながらカラダの動きを修正すれば、真っすぐ打てるようになります。スウィングの欠点を自分の目ではっきりと確認できるので、レッスン効果は抜群！

長く付き合える「プル型コーチ」を探す

ぼくの経験では、コーチには、自分の流儀を押し付けて型にはめようとする「プッシュ型」と、生徒がスウィングを構築する手助けをしてくれる「プル型」があります。ぼくは、大人を教えるコーチとしては、プル型が望ましいと思っています。相性のよいプル型のコーチを探して信頼関係を築くのです。「かかりつけ医」ならぬ「かかりつけコーチ」を持つのが間違いのない上達の早道です。

「かかりつけコーチ」に定期的に個人レッスンを受けていれば、「病歴」ならぬ「欠点歴」を覚えてもらえます。我がコーチは、ぼくが一振りするだけで、「また、あの悪いところが出ているよ」と指摘します。「かかりつけコーチ」ならではの見立てです。

相性のよい「かかりつけコーチ」を探す方法を説明しましょう。まず、日本プロゴルフ協会（PGA）や日本女子プロゴルフ協会（LPGA）、アコーディア・ゴルフなどの大手ゴルフ場運営会社のホームページで検索して、自宅や勤務先から通えるところで個人レッスンをしているプロを探します。

PGAのホームページに登録されているプロの数は少なく、レッスン形態での検索もできません。PGAはレッスン情報の提供に積極的ではないようです。

その点、LPGAのホームページはレッスン情報の提供に積極的です。トップ画面で「レッスン」をプルダウンして「ゴルフレッスン検索」をクリックすると、検索画面が出ます。「所在地」で都道府県を選び、「レッスン形態」で「個人」を選んで検索を実行すると、該当するプロの写真付きの一覧表が、レッスン場別にずらりと表示されます。名前をクリックすれば、経歴や資格、トーナメントでの実績も示されます。

全国のコースと練習場で120人を超えるプロを擁しているアコーディア・ゴルフのホームページも充実しています。トップ画面で「スクール」を選び、「アコーディア・ゴルフアカデミー」をプルダウンして「プロ・インストラクター」をクリックします。次の画面で、「地域」を選んで検索を実行すれば、アコーディア・ゴルフ所属のプロのインストラクターが、都道府県別にずらりと表示されます。さらに、「プロ詳細」をクリックすれば、所属コースや練習場、経歴などが示されます。

そこからは、ネット検索で目星をつけたプロが教えている場所に赴き、体験レッスンを受けるのです。その場では、以下の2点を確認する必要があります。

1つは、先述した「正しいスウィングの知識・意識」を惜しみなく与えてくれるかどうかです。「カラダの動きとショットの因果関係」をわかりやすく説明してくれるコーチを探すのです。ミスショットの原因を、一般アマチュアが理解できるように丁寧に説明してくれるコーチが望ましいのです。ミスショットをしたときに、その原因を教えないで、形（フォーム）を直すだけのコーチは避けるのが賢明です。もっとヒザを曲げろとか、逆に伸ばせとか、フィニッシュで肩を傾けろ、というように形だけを教えるコーチがとても多いのです。

2つは、レッスン中に会話が弾むことです。知識の伝達には対話が欠かせません。疑問をぶつけるとすぐに的を射た答えが返ってくるコーチ、スウィングだけでなく、クラブ選びや練習法に関する様々な相談にも乗ってくれるコーチが望ましいのです。上達意欲のあるゴルファーほど悩みを持っています。悩みをぶつけたときに温かく受け止めてくれるかどうかも重要です。

色々と書きましたが、結局のところ、心の底から上手くなってほしいと思って指導してくれるかどうかです。つまり、教えることに喜びを感じているコーチを探すのです。

プロゴルファーの資格には、プロテストに合格したトーナメントプレーヤーと、ティーチングプロ（A～C級）の2種類があります。三浦佳世子プロはトーナメントプレーヤーであるだけでなく、A級のティーチングプロでもあります。三浦プロからは、プロテストに合格するための厳しい練習で身につけた「上達の極意」を教えてもらえます。さらには、ラウンドレッスンを受けることによって、トーナメントで戦うなかで磨いた「ラウンド術」も伝授してもらえるというわけです（ラウンドレッスンについては後述）。

3番
ホール

ゴルフを日常生活に組み込む

生活のなかで下半身を鍛える

スウィングには、筋力、柔軟性、平衡感覚の3つが不可欠です。三拍子そろうことが大切で、どれかひとつが突出しても、どれかひとつが不十分でも、スウィングが安定しないだけでなく、腰やヒザを痛めてしまいます。

なにかと多忙な現代人はどうやって、筋力、柔軟性、平衡感覚の三拍子をそろえたらよいのでしょうか。

ゴルフを始める前、ぼくは週1回スポーツジムに通って体力強化に励んでいました。しかし、ゴルフを始めてからは、練習やラウンドに時間をとられて、ジムに通う時間がとれなくなりました。

そうは言っても、カラダの鍛錬は欠かせません。そこで始めたのが、日常生活のなかでカラダを鍛えることです。ぼくが実践している鍛錬法を公開しましょう。

まず、できるだけエスカレーターやエレベーターを使わないで歩くのです。人体の骨格筋のうち、実に3分の2が下半身に集中しています。ゴルフのスウィングで重要なのは下半身です。駅の階段を前にして、「筋力と平衡感覚を鍛える絶好の機会だ」と思えるようになればしめたものです。

歩行には、大きく「ヒザ歩行」と「股関節歩行」があります。

街を歩く人を観察すると、多くの人が「ヒザ歩行」をしています。「ヒザ歩行」では、地面に足がついたときにヒザが少し曲がっています。その曲がったヒザを、太ももの前の筋肉を使って伸ばしながら歩きます。ヒザ歩行は、推進力を得るために体重を前方にかけています。そのため、猫背になりやすいのです。ゴルフに猫背は禁物です。猫背になると肩甲骨の動きが悪くなるからです。

一方、股関節歩行では、脚全体を前に振り出して、ヒザを伸ばしたままカカトから着地し、体重を乗せながら踏み込んでいきます。ヒザを伸ばす筋肉を使わないで、お尻と太ももの裏側の大きな筋肉を使って、足を後ろに引くことによって歩くのです。その結果、自然に歩幅が広くなり背筋が伸びます。股関節歩行をすれば、代わる代わる、左右の股関節

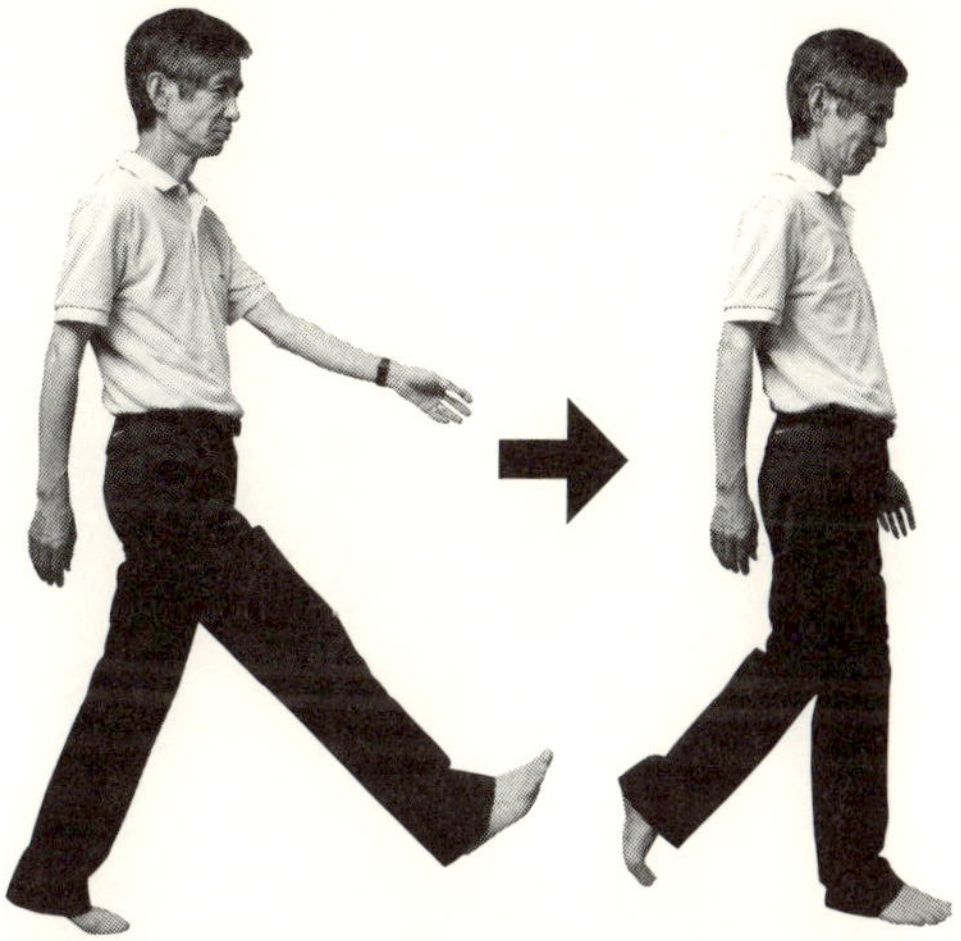

ヒザを伸ばしてカカトから着地するのが股関節歩行のコツ

に体重を乗せながら歩いている感じがします。

日本人にはヒザ歩行をする人が多く、多くの欧米人は（モデルやトップアスリートも）股関節歩行をするのだそうです。そう言えば、欧米では、女性でも街で闊《かっ》歩《ぽ》しています。

股関節歩行をすれば、一歩一歩、股関節に体重を乗せた勢いで体が前に進みます。5分ほど股関節歩行をするだけで、お尻や股関節周りの筋肉が温かくなるのを感じます。

ぼくは、家のなかでも街中でもコースでも股関節歩行を実践しています。なかでも、ラウンド中に股関節歩行をするのは、ヒザに負担をかけずに下半身の大きな筋肉を鍛える絶好の機会です。乗用カートに乗らなければ1万8000歩、乗ったとしても1万歩は歩きます。後述するように、リズムを刻みながら股関節歩行をすれば、スウィングが安定してスコアもよくなります。

一度覚えれば、無意識のうちに股関節を使って歩けるようになります。だれでも簡単に覚えられるのですから取り入れない手はありません。

通勤途上でも練習はできる

スウィング中にカラダが揺れると、それを察知した小脳が、ただちに姿勢を修正しようとします。しかし、三半規管や耳石などの感度が鈍くなったり、筋肉などの制御機能が衰えたりすると、姿勢の修正が間に合わなくなります。すると、傾斜地からのショットが上手く打てないのです。

実はコースでは平らなところから打つ機会は少ないのです。ティーグラウンドでさえ傾いています。コースでは、知らないところで平衡感覚が大きな役割を果たしているのです。平衡感覚の衰えは、40代から急激に進みます。筋力よりもはるかに早く衰えます。中高年になると、普段の生活では感じていなくても、平衡感覚はずいぶん衰えています。

ただ、幸いなことに、平衡感覚は年をとっても鍛えることができます。

階段を上り下りしたり、傾斜のあるところを歩いたりするのが平衡感覚のよい訓練になります。外出したときに、道路や床に張られているタイルの継ぎ目がつくる直線上を、幅10センチの平均台を歩いているつもりで、体を揺らさないようにして真っすぐ歩きます。電車に乗って吊り革につかまらないで立っているだけでも、平衡感覚を鍛えることができます。

さらに、ホームで電車を待っているときなどに、1分間の「開眼片足立ち」を実践するのも有効です。平衡を保つために、平衡感覚器官と下半身の筋肉が必死に働きます。これは、平衡感覚を鍛えるだけでなく、下半身の筋トレにもなり、さらに、骨密度を高めることもできる一石三鳥の練習です。

練習のついでにカラダを鍛える

忙しい人でも実践できるカラダの鍛錬法がもうひとつあります。練習のついでにカラダを鍛えるのです。打ちっ放し練習場や自宅で、ドライバーを使って全力で素振りをして、「瞬発力」を養うのです。

切り返しで、ヘッドを一度加速すると、「慣性の法則」が働いてヘッドは動き続けようとします。さらに、腕とクラブが落下する運動量も加わるので、多くの人がダウンスウィングで無意識に力を抜いています。これではヘッドスピードが上がりません。

自宅などで、週に数回、ドライバーの全力素振りをするのです。しっかりフィニッシュをとる素振りを連続でします。また、打ちっ放し練習場に行ったときは、ドライバーで10球ほど全力で打つ練習をします。一球一球気合いを入れて、全力で振り切るのです。

ヘッドが自分の右肩の前に見えるように、大きなフィニッシュをとります。短距離走の選手がダッシュの練習をするような感じです。10回連続で全力素振りをすると、息が上がって心臓がドキドキします。下半身の大きな筋肉を総動員するからです。

この練習を続けていると、インパクト直後までヘッドを加速し続けられるようになり、ヘッドスピードが上がります。

ドライバーを全力で振っても、カラダの防御機能が働いて、筋肉の運動単位がすべて動員されるわけではありません。年齢を重ねて、つらいことを避ける気持ちが働けば、休んで動かない運動単位が増えるのです。ドライバーを全力で振っていると、しだいに動員できる運動単位の数が増えます。そして、数多くの運動単位を、瞬時に、かつ同時に動員できるようになってくるのです。

カラダは楽をしようとするので、定期的に活を入れる必要があります。瞬発力を鍛えていると、年齢を重ねても飛距離はそれほど落ちません。

自宅でも効果的に練習できる

多くの人が、素振りであれば、振り切ってフィニッシュをとることができます。ところが、ボールを前にすると、中途半端なスウィングになって振り切れない人が多い。フェースをボールに当てることを意識して、当てて終わりのスウィングになっているのです。

どうすれば、ボールを前にしても、素振りのように滑らかにスウィングできるのでしょうか。まずは、自宅での素振り練習を日課にし、打ちっ放し練習場では、ボールを打つ前に素振りをすればよいのです。

連続打ちは禁物です。

素振りをしておいて、「今と同じスウィングをするのだ」と自分に言い聞かせておいてからボールを打ちます。しだいに、素振りのように〝本振り〟ができるようになってきます。

もうひとつ、いつでもどこでもできる効果抜群のスウィング体操があります。まず、両手を高く上げて上腕が両耳に付くようにします。そこから、両ヒジを曲げながら下げて、「W」の形をとります。肩甲骨を目一杯動かして、胸を張るのです。

この姿勢から、スウィングで構えるときのように、上半身を股関節から曲げて前傾姿勢をとります。そして、「バックスウィング→トップ→ダウンスウィング→フォロースルー→フィニッシュ」の動きをするのです。トップで一瞬の間をとってから切り返して、フィニッシュの姿勢を5秒間保ちます。体操とはいえ、スウィングのときと同じように、あくまで下半身主導でカラダを動かします。

この「W字腰切り体操」を、姿見や洗面所の鏡の前で実践するのがお勧めです。前傾姿勢を保っているかどうか、カラダの軸が傾いていないか、頭が傾いていないか、などを点検しながらカラダを動かすのです。

この体操を繰り返していると、正しいスウィングをカラダに教え込むことができるだけでなく、股関節やヒザ、足首、肩関節、肩甲骨などの柔軟性を高めることができて一石何鳥にもなるのです。なかでも硬くなりがちな肩甲骨を動かしている筋肉をほぐして、可動域を広げる効果があります。

ゴルフには、たくましさよりも、「しなやかさ」が大切で、関節の可動域を広げることが重要なのです。関節を動かしているのは、1対の骨格筋です。「作動筋」が収縮するとき、「拮抗筋《きっこうきん》」は弛緩《しかん》します。拮抗筋が弛緩しないと、作動筋の収縮を妨げてしまうのです。すなわち、筋肉が硬くなれば、本来の筋力を発揮できないのです。

太ももの筋肉が硬くなれば、前傾姿勢をとることさえ難しくなります。上体を股関節か

W字腰切り体操。前傾姿勢を保って腰と体幹を回す

ら曲げようとするとき、作動筋である太ももの前の筋肉（大腿四頭筋）が収縮します。このとき、拮抗筋である太ももの後ろの筋肉（ハムストリングス）が弛緩する必要があります。ハムストリングスが弛緩しなければ、前傾姿勢がとりにくいのです。

　股関節や肩や肩甲骨などの可動域が狭くなると、バックスウィングが浅くなり飛距離が落ちます。関節の可動域を広げるだけで飛距離は伸びるのです。

　ぼくは、長年にわたって「真向《まっこう》法《ほう》」と呼ばれる、畳1枚程度の場所があれば5分で実践できる股関

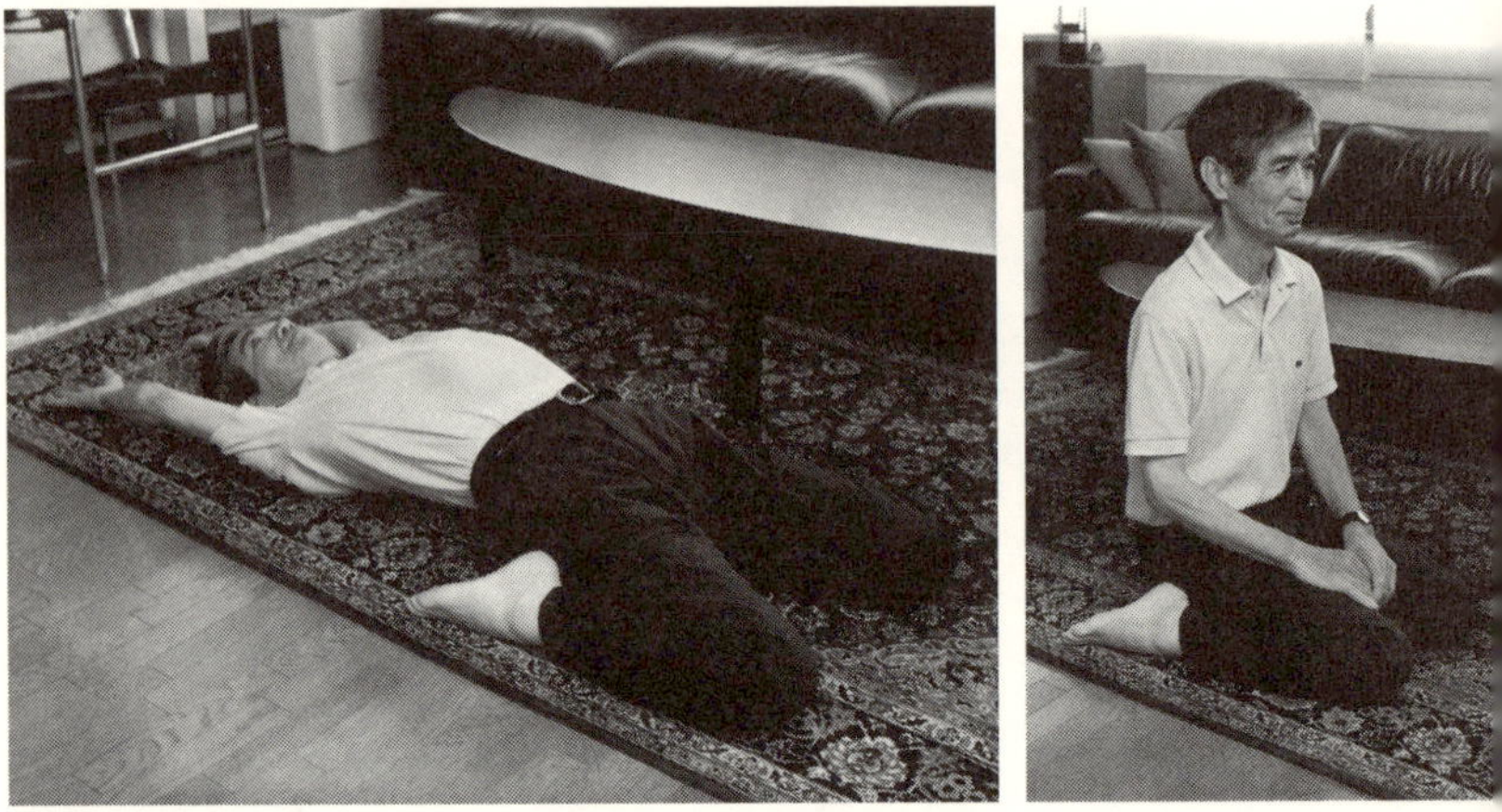

真向法第４体操（正座してからお尻を床に落としてからカラダを後ろに倒す）

節の可動域を広げる体操や、ＳＷを握ってぐるぐる回す手首のストレッチにも励んでいます。股関節と手首、肩甲骨のストレッチを日課にすれば、飛距離は落ちないうえに、体を痛める心配もなくなるのです。

4番
ホール

自宅でのパット練習を日課にする

杉本英世プロにパットの極意を教わった

ぼくにパットの極意を教えてくれたのは杉本英世プロです。2001年11月に、ある航空会社から「ゴルフトーナメント&シニアプロレッスン会」の案内があったので、申し込んだら当選しました。3人のシニアプロとの組み合せを決める抽選があり、ぼくが内心教えてもらいたいと願っていた杉本英世プロの組に、首尾よく入ることができました。杉本プロの組には6人が選ばれ、3人が9ホールずつプロと一緒に回るのです。

会場である瀬田ゴルフコースの打球練習場は離れた場所にあるので、スタート前のレッスンは練習グリーンで行なわれることになりました。ぼくは正直なところ、「フルショットのスウィングを見てもらいたいのに……」と思いました。このころアイアンが上手く打てなくて悩んでいたからです。またパットは得意なほうだし、「パットに型なし」と言うぐらいなので「教わるまでもない」と思っていました。

ぼくたち6人は杉本プロの前に1列に並び、ひとりずつ10メートルぐらい先のカップへ向かってパットをしました。杉本プロが、各人のゴルフ歴を、使っているパターの種類とスウィングを一瞥《いちべつ》するだけで見事に言い当てるのにはびっくり！　参加者のひとり、ゴルフ歴30年のベテランが持っていた古いL字型パターを取り上げ、「このパターはこう打つのだ」と言って、手首を利かせて打ったボールは見事にカップに吸い込まれました。「ぼくは長い間こうやってきたので、この打ち方しかできない」と杉本プロは言います。そして、そのベテランに対して、「この打ち方を墓場まで持って行ってください」と言い切るのです。

それに対して、最新のマレット型のパターを持って来ている、ゴルフを始めて2年ぐらいの若い人には、手首を使わないで、真っすぐ引いて真っすぐ振り出すように指導しました。

ぼくの番が来て、カップを狙って自信満々パターを振ったら「コロン！」と入りました。褒められるかと期待したら、「あっ、入った！」と意外そうな一言。「何がいけないのか」と訝《いぶか》るぼくに、杉本プロは「ボールを打ちにいって、ヘッドを止めている」と言うのです。

手首を使わないで肩で振るパットの練習を日課にしていたので、「えっ！　そんなはずはない」と思いました。パターマットで１００球連続して沈められるという自負心は木《こ》っ端微塵《ぱみじん》！　さらに、ぼくがボールから離れてハンドダウンで（手元を下げて）「打ちにいく構え」をしていると言うのです。

ぼくのパターは、オデッセイ社が新発売したばかりの「ホワイトホット#5」でした。

杉本プロは、ぼくのパターを取り上げて、予想もしなかったことを言います。

「こういう最新型のパターは機械だと思え！」

「グリップをできるだけ左手のひらの生命線と平行にして握って、アップライトに構える。こうすれば、真っすぐ引いて真っすぐ出すしかない」

それからしばらくして、世界ゴルフ選手権のテレビ放映を見ていると、出場している世界のトッププロの多くが、杉本プロが教えてくれた打ち方でパットをしているではありませんか！　ボールの近くに立ち、短めのパターを腕の延長のように構えて、肩で振っています。

「そうか！」とぼくはひとり頷《うなず》きました。杉本プロは自分の流儀を押し付けないで、アメリカ発の最新のパッティング術を伝授してくれたのです。

ぼくが、フェースバランスでマレット型の「ホワイトホット#5」パターを購入したのは2001年9月で、次に発表されたネオマレット型（ヘッドが後ろに大きく張り出した形状）の先駆者である「ホワイトホット2ボール」パターを購入したのは2002年1月のことです。絶好のタイミングで、杉本プロから革新的なパターの活用法を教わることができたのです。

これらの2つのパターは、いずれも「フェースバランス」であり、シャフトを地面に水平の台に寝かせてヘッドを浮かせると、フェース面が天井を向きます。シャフトの中心がヘッドの重心を通っているからです。そのため、スウィングをしたときにフェースが開閉しないので、真っすぐ引いて真っすぐ出すことができるのです。

このレッスン会のあとで、ぼくの周りを観察すると、「ホワイトホット2ボール」パターで、手首を使って、フェースを開いたり閉じたりしながら打っている人が実に多かった。フェースバランスのネオマレット型パターの機能を理解していないからでしょう。

杉本プロに、新機軸のパターを使いこなす方法を教わって以来、ぼくのパット術は進化しました。なにより嬉しいのは、短いパットを外さなくなったのです。

フェースバランスでネオマレット型のパターは大いなる発明であり、一般アマチュアが使わない手はありません。

ただ、方向性に優れたネオマレット型のパターには、距離感をつかむのが難しいという弱点があります。人は無意識のうちにヘッドの重心でボールを打とうとします。ネオマレット型のパターのヘッドの重心距離は深いので、フェースがボールに当たったあと、重心が最下点に届くまでヘッドの加速が続きます。そのため、ついつい打ちすぎてしまうことがあるのです。

近年、各社から大型ヘッドのネオマレット型のパターが発売されています。しかし、距離感という観点からは、ヘッドがあまりに大きく重心が極端に深いネオマレット型のパターは避けるのが賢明です。

「ホワイトホット2ボール」パターが、発売後11年もたつのに未だに高い人気を保っているのは、ネオマレット型のなかでは、比較的、重心が浅いからなのです。

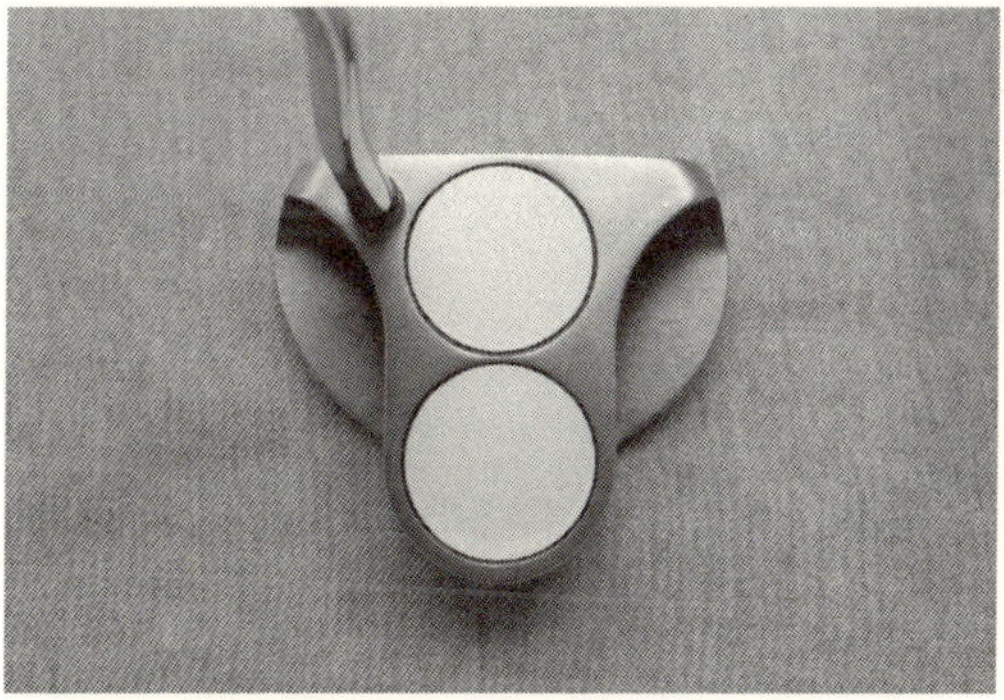

ネオマレット型の「ホワイトホット2ボール」パター

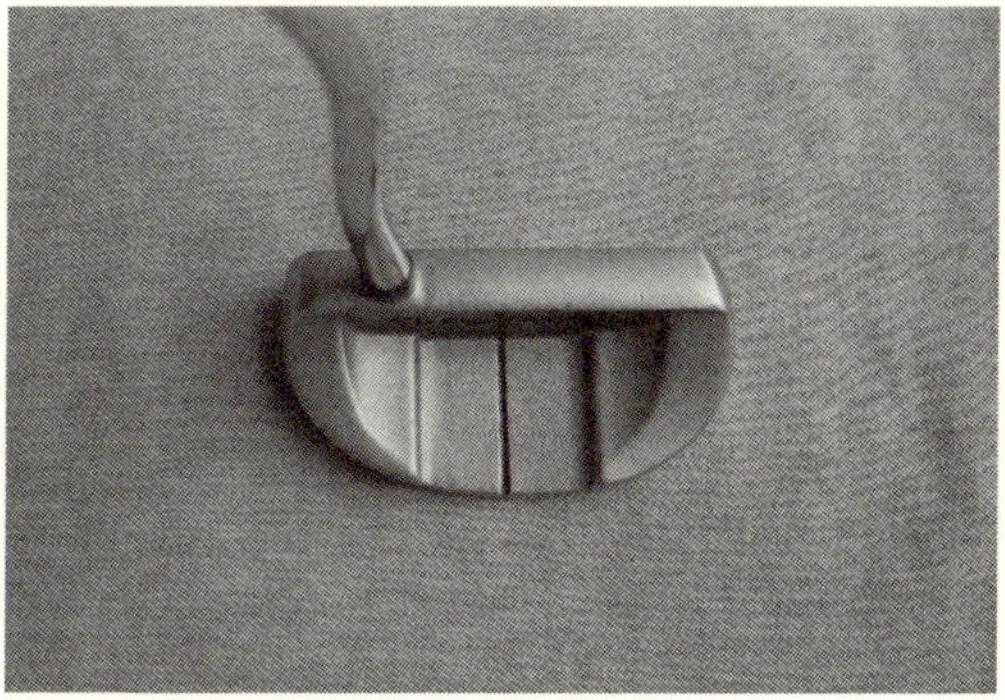

マレット型の「ホワイトホット＃5」パター

振り子スウィングを身につける

パターの技術革新により、振り子スウィングさえ身につければパット名人になる道が開かれました。それなのに、未だに多くの人が、「パッティングには法も形もない」という古諺《こげん》を信じて、パットには上達法が存在しないと思っているようです。

これは大いなる誤解です。

パットこそ、確かな上達法があり、しかも、自宅でいくらでも練習できるのです。

杉本プロに啓発されて以来、ぼくが10年以上にわたって続けてきたパットの練習法を公開しましょう。

パターマットの上でボールを転がしているだけでパット名人になれます。パターマットの練習は効果てきめんです。この練習を日課にすれば、1カ月もしないうちにコース上で効果を実感できます。目に見えて短いパットを外さないようになるのです。

ただ、パターマットで効果的に練習するための条件がいくつかあります。

1つは、カップがひとつだけの単純なパターマットがよいです。

ぼくが使っているのは、「ラウンドパットマット・プロ」という製品で、手前からカップの中心まで、油性ペンで中心線を引いて使っています。このマットでは、カップに沈んだボールは左側に排出されます。後述するように、マットの上に「パッティングガイド」と呼ばれる器具を設営するので、ボールが右側に排出されるのでは使いにくいのです。

カップが2つあるものやマット面が傾くものは避けるのが賢明です。手先を使う癖がつく心配があるからです。自宅で曲がるラインや斜めのラインを練習する必要はないと思っています。

2つは、自分の体格にパターの長さを合わせることです。

正しく構えたときに、両目がボールの真上に来るように、パターの長さを調節します。身長170センチのぼくが使っている「2ボール」パターの長さは32・5インチです。

パターの標準的な長さは34インチとされています。しかし、34インチでは、かなり背の高い人でないと、ボールから離れて立つことになり、両目をボールの真上に置くことはできません。34インチが標準とされているのは、L字型のパターで、アイアンと同じようにボールから離れて構えて、手首を使って「コツン」と打っていたときの名残ではないかと考えています。ネオマレット型のパターとしては、多くの人にとって34インチは長すぎます。

両目がボールの真上にあれば、頭だけを左に回すと、ボールからカップに向かう「ライン」がくっきりと見えます。パターが長すぎると、両ヒジを曲げる不自然な姿勢をとるか、少し後ろに下がって両目をボールから離して構えるしかありません。両目をボールから離して構えると、目標ラインを斜めに見ることになり、次に説明する振り子スウィングがやりにくいのです。

3つは、振り子スウィングをすることです。

肩からぶらさがった腕と手は、パターを保持しているだけです。手首はまったく使いません。背骨を軸にして、肩で「人間振り子」を動かします。真っすぐ引こうとか、真っすぐ振り出そうなどと考える必要もありません。両肩で、腕とパターを機械的に振るだけでよいのです。振り子スウィングを日課にしていると、まるでスウィングロボットのように、何回でも同じスウィングを繰り返せるようになります。

4つは、「パッティングガイド」を使うことです。

カップの向こう側と手前側に垂直に立てた2本の棒の間に、パターマットの中心線の真上に来るように、2本のゴムひもを張ります。そして、2本のゴムひもとパターマットの中心線が重なって1本に見えるように、両足の位置を調整して構えるのです。あとは、両目の真下で、ラインに沿って、ヘッドを振り子のように真っすぐ動かすだけです。

パッティングガイドを使えば、スウィング中に頭とヒザを動かさない訓練にもなります。スウィング中に、頭やヒザがわずかでも動くと、1本に見えていた線が3本になります。

常に3本の線を重ねて1本に見えるようにしていると、頭とヒザが微動だにしないようになるのです。

パッティングガイドを使い始めた当初は、カラダに定規を当てている感じがしますが、練習を続けているうちに、この異和感は消えます。そうすれば、コースに出てもライン上に両目をおいて構えることができるのです。

パターマット、パッティングガイド、メトロノームがパット練習に欠かせない三種の神器。両目がボールの真上に来るように構える

5つは、パターを吊って構えることです。

ヘッドを少し浮かして構えると、振り子スウィングがしやすいのです。

6つは、メトロノームを使うことです。

メトロノームを使って自分固有のテンポを見つけ出して、それをしっかりと身につけるのです（これについては、次節で詳説)。

テンポとタイミングを体に染み込ませる

「テンポ」とは音楽の演奏速度のことです。テンポは、メトロノームが一定間隔で刻む1分間の拍数で示されます。

450年前にガリレオ・ガリレイは「振り子の等時性」を発見しました。すなわち、大きく揺れても小さく揺れても、振り子のテンポは不変なのです。また、振り子のテンポは「振り子の長さ」によってのみ決まり、長いほどテンポは遅くなります。

ぼくは、パットでは、背骨を軸とする「人間振り子」が揺れるのだと思っています。「人間振り子」のテンポは人それぞれです。背が高くて腕が長い人のテンポは遅く、背が低くて腕が短い人のテンポは速い。メトロノームを使って自分に固有のテンポを見つけましょう。

メトロノームの振り子の錘《おもり》を上下させて、テンポを速くしたり遅くしたりしながら、クリック音に合わせて振り子スウィングをしてボールを打ちます。「カチッ」で始動し、次の「カチッ」の直後に切り返します。そして、自分が気持ちよく感じるテンポを探すのです。ちなみに、ぼくが一番気持ちよく感じるテンポは、1分間に50拍です。

自分のテンポに合わせて設定したメトロノームが刻むクリック音に合わせて、振り子スウィングを繰り返してボールを打っていると、自分に固有のテンポをカラダに染み込ませることができるのです。

パットでは、もうひとつ大事な練習があります。切り返しのタイミングを身につけることです。ヘッドが重力によって戻ろうとする瞬間に合わせて、肩の力で「人間振り子」を動かして切り返せば、転がりがよいうえに、方向性もよいのです。切り返しのタイミングが、ボールの転がりと方向性を決めます。ヘッドが重力で戻るタイミングに対して、肩の動きが早すぎると引っかけてしまい、遅れると押し出してしまいます。

パットにおいても、トップがあり、切り返しがあり、フィニッシュがあります。トップで、一瞬の「間」をとってから切り返すのです。そして、フィニッシュをとって、ヘッドを止めて数秒間、静止します。

ブランコは、傾きの頂点に達して一瞬止まり、再び動き出すと加速し、最下点から減速してまた頂点に達します。頂点に達した直後の一瞬の「休止」が、いわゆる「間」です。まさにブランコのように振り子スウィングをすれば、ヘッドを滑らかに加速することができます。

プロであれアマチュアであれ、パットで失敗する一番大きな理由は、切り返しのタイミングが早くなること。ヘッドが重力で戻ろうとする瞬間を待たずに打ち急いでしまえば、スウィング軌道が狂うだけでなく転がりも悪くなるのです。

「100球連続カップイン」は朝飯前

パターマットでボールを転がす練習を20年以上にわたって続けています。毎日のようにボールを転がしているのでマットが磨《す》り減ってしまい、昨年、ロングセラーの同じ製品に買い替えました。

100球を転がす単調な練習をよくも続けられるな、と思われるかもしれません。ところが、2メートル先のカップへ向かってボールを転がすだけで未だに新しい発見があり、飽きることがないのです。

先日も、ヘッドに10グラムの鉛を貼りました。ヘッドの利きが少しよくなって、振り子スウィングがさらに滑らかになった気がします。

また、臍下《せいか》丹田《たんでん》(下っ腹)に力を込めると、振り子スウィングが一段と安定することや、姿勢を少し高くして腕を伸ばしたほうが、手先が余計な動きをしないことも最近わかってきました。

ぼくは、パターマットでの「100球連続カップイン」を日課にしています。

2メートル先のカップとはいえ、連続してボールを沈めるのは難しいのです。ちょっとでも気をゆるめると、手首を使ったり、切り返すタイミングが早くなったりして、カップを外してしまうので、「100球連続カップイン」は集中力を養う練習にもなります。

この練習をしていると、90球目ぐらいからプレッシャーがかかります。最初のうちは外してしまい、やり直すことが多かったのですが、振り子スウィングを完璧に身につけて、テンポとタイミングを体に染み込ませた今では、「100球連続カップイン」は朝飯前です。

この反復練習を続けるだけで、確実にコースでのパット数が減っていきます。

真っすぐ打ち出すことさえできれば、多くのパットは入るからです。

つまり、グリーンでは真っすぐのラインが多いのです。また、上り傾斜であれば、少し曲がるラインでも、真っすぐ打てば入ります。さらに、どんなラインであっても、定めた目標に向かって真っすぐ打ち出すものだからです。

2メートルを真っすぐ打つ自信がつけば、コースに出てから、ラインと距離感の把握に集中できる。グリーン上で、ヘッドを真っすぐ引こうとか、真っすぐ出そう、などと考えているようでは、入るパットも入らなくなります。

パット数は腕前にかかわらずスコアの約40%を占めます。このことを肌で知るプロは練習時間の半分をパットに充てます。ところがパットの練習に励むアマチュアは少ないようです。

どうして多くのアマチュアは、ドライバーで飛ばすことにばかり情熱を傾けて、パットの上達に関心がないのでしょうか。パットの練習には、白球を遠くへ飛ばす愉しみがないからです。また、地味で退屈に見えるからです。しかし、パットの練習には、実践してみないとわからない奥深い愉しさが潜んでいます。自宅で手軽にできて経費もかからず効能も高いパターマットの練習をしない手はありません。

ぼくは、娘が巣立ったあとの部屋にパターマットを敷いて練習しています。娘の家族が帰省しているときは、パターマットの練習ができなくなるので、その直後のラウンドでは、明らかにパット数が増えてしまい、パターマットの練習の大きな効能を思い知るのです。

確固とした「基準スピード」を身につける

コースに行ったときに、出だしのホールのパットで、大きくショートしたりオーバーしたりすると、距離感の不安を引きずってしまいます。すると、ラインに集中できないので、3パットを連発する羽目になります。こうなると、ショットまでおかしくなってきて、スコアをまとめるどころではありません。

常日頃、パットの距離感を磨いておいて、その日の「グリーンスピード」に即応するのが、なんといってもよいスコアで回る急所です。

パットの距離感を磨く第一歩は、確固とした「基準スピード」を身につけることです。たとえば、ぼくの基準スピードは約9フィートです。グリーンスピードが9フィートの平坦なグリーン上では、目標をチラッと見るだけでぴったり寄せることができます。基準スピードがしっかりと身についているからです。

一般的には8~9フィート、プロトーナメントにおいては、女子プロで9~10、シニアプロで10~11、男子プロで11~12フィートに設定されています。ぼくが観戦に行った古賀GC(福岡県)で開催された2008年の日本オープンでは、12フィートに設定されていました。

ぼくの基準スピードは、日課にしているパターマットでの練習、そして、ホームコースでのラウンドを通して身につけたものです。なかでも、日課にしているパターマットでの練習の影響が大きいと思っています。毎日のように同じパターマットの上で、カップにぴったり届くようにボールを転がしているうちに、パターマットのグリーンスピードが自然に身についたのです。

パターマットにも速いマットと遅いマットがあります。いつも速いマットで練習していれば速い基準スピードが、遅いマットで練習していれば遅い基準スピードが身につきます。いずれにしても、常日頃からパット練習に励むことで、揺るぎのない基準スピードを身につけることが肝心なのです。

基準スピードが身についていれば、当日のグリーンスピードに対応するのはさほど難しくないのです。足し算と引き算をして、奥や手前に仮想カップを設定することによって、距離を合わせることができます。

たとえば、ぼくの場合、10フィートのグリーンでプレーするときは、10％手前の仮想カップを目標にして距離を合わせます。

自分の基準スピードが確立していなければ、出たとこ勝負になってしまいます。これでは、距離感がやっと合ってきたころには、ラウンドは終わりに近いということになりかねません。

基準スピードが身についているかどうかは簡単に判定できます。5～6球ぐらいのボールを持って練習グリーンに行って、目をつぶってスウィングして、ボールを次々と転がすのです。目をつぶるのは無意識にパットをするためです。転がった5～6球が直径1メートルぐらいの範囲に収まっていれば、基準スピードが身についていると言えます。

5番
ホール

スコアに直結する実戦練習を積む

“スパットゴルフ”を身につける

打ちっ放し練習場に行けば、黙々とボールを打ち続ける人ばかりです。広大な空間を前にして打席に立つと、ボールを次々と打ちたくなるのです。さらには、自動ティーアップが連続打ちを助長します。

こんな単純な練習をしているだけでは、コースで通用するスウィングを身につけることはできません。よいスコアで回るためには、本番さながらの実戦練習が不可欠なのです。

ぼくは、打ちっ放し練習場に行けば、なにはさておき、距離表示板や支柱やグリーン上の旗などを使って3～4つの目標を定めます。そして、目標とボールを結ぶ線上の、マットの先50センチぐらいのところに、ボールマーカーを置いて「スパット」（ボウリングで投球するときの目印）にします。

そして、1球ごとに、異なる目標を狙って打ちます。ボールの後ろに立って、右手でクラブを握って目の前に立てて、ボールとスパットと目標が一直線上にあることを確認しながら、「あの目標を狙え！」と言い聞かせます。

そして、ボールとスパットを結ぶ線（飛球線）に対して平行に構えたら、速やかにスウィングをするのです。構えたあとは、目標のことを頭から消して、スウィングに専念。リズムを大事にして、タイミングよく切り返して振り切るのです。

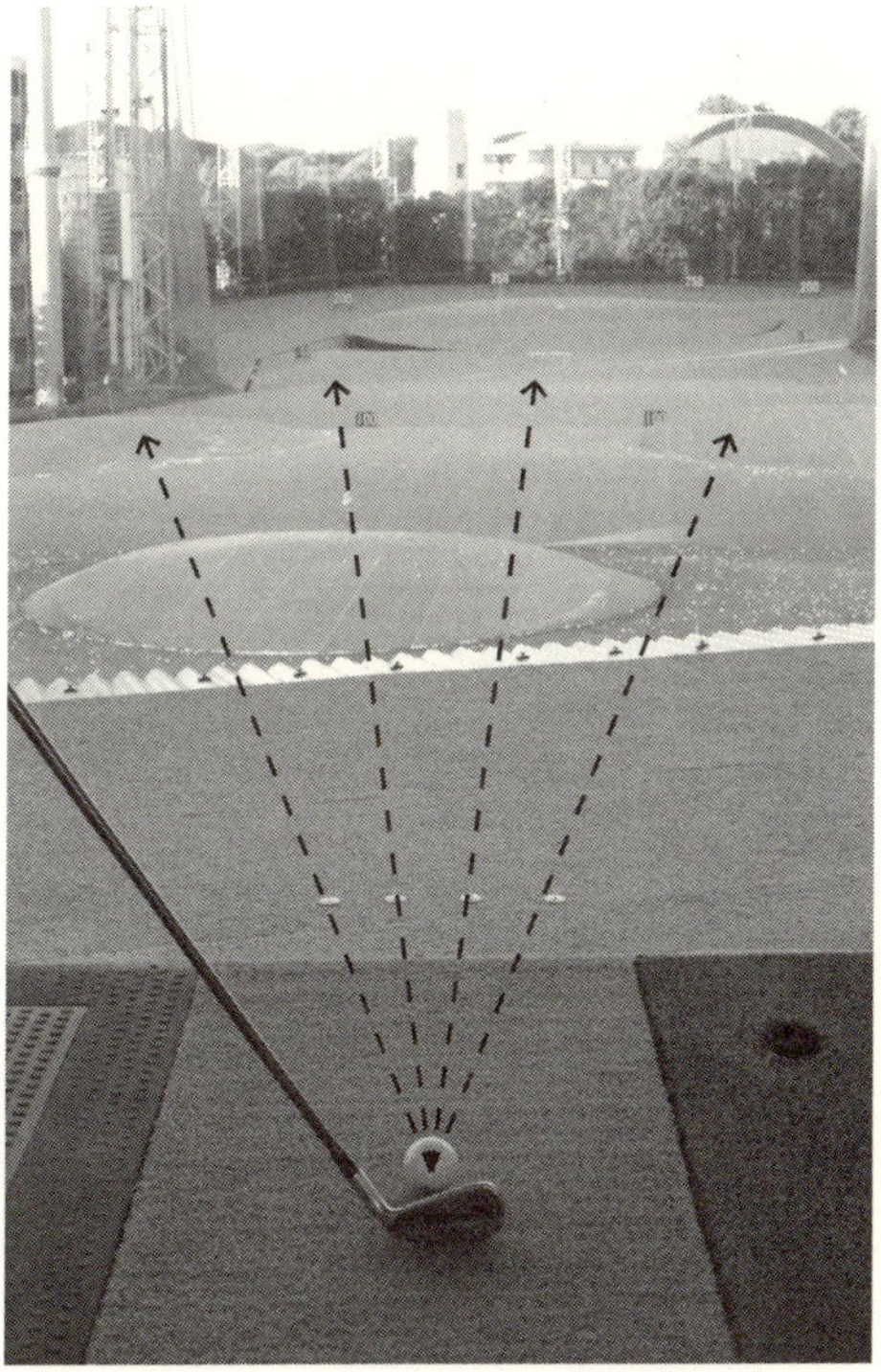

〝スパットゴルフ〞に励めば「見えない飛球線」が目に浮かぶようになる

ミスショットをすれば、再び同じ目標に向かって打ち直したくなります。しかし、その気持ちを抑えて別の目標を狙います。「一球必中」の練習をするのです。

スパットを頼りに構えて、そのまま無心にスウィングをする練習を続けていれば、コースに出たときに、ＯＢの白杭や林、池やバンカーなどを気にしないでプレーできます。また、打ち下ろしのホールで左を向いて構えたり、打ち上げのホールで右を向いて構えたりすることもなくなります。

〝スパットゴルフ〟は、コースの脅しを排除する切り札です。

コースでは、ボールと目標を結ぶ線上にあるディボット跡などを見つけてスパットにします。そして、打ちっ放し練習場でやっているとおりに、スパットを頼りに飛球線に平行に構え、コースのことは念頭から外して、スウィングに専念するのです。

スパットを頼りに構えたあとで、頭を回して目標をもう一度確認するのはご法度《はっと》です。ＯＢ杭や林などが目に入れば、「あそこへは打ちたくない」という邪念が湧いてきて、スウィングどころではなくなります。

１球ごとに目標を狙う練習をするのは面倒かもしれません。しかし、少し我慢して続けると、しだいにコースの地形に影響されなくなっていきます。

広い打ちっ放し練習場だからこそ、方向性を磨く〝スパットゴルフ〟を練習することができます。

練習の最後には、ホームコースのいくつかのホールを想定して、ドライバー、フェアウエイウッド、アイアンというように、1球ごとに残りの距離に合わせて、クラブを持ち替えてボールを打ちます。グリーンを外せば、AWでアプローチをします。こうやって一球一球、丁寧に打っていれば、1時間で80球ほど打つのが精一杯です。

地形に対応するための実戦練習が欠かせない

打ちっ放し練習場では変化に富んだ地形に対応するための4つの実戦練習が欠かせません。

1つは、「斜めショット」の練習です。

コースにおいて、ティーグラウンドからグリーンまで、フェアウェイの中央を真っすぐ打ち進むことは少ないはずです。ティーショットであれ、グリーンを狙うショットであれ、フェアウェイを斜めに横切るショットをする機会が多いのです。しかし、慣れていないと「斜めショット」は難しいのです。コースの中心線に対して斜めに構えると違和感があり、この違和感がミスショットを呼ぶのです。

コースで安定したプレーをするためには、斜めに構えたときの違和感に慣れる練習が欠かせません。打ちっ放し練習場では、あえて右端か左端の打席に陣取って、対角線にボールを打つのです。端の打席は、練習場全体に対して斜めになっていて、しかも、打席前の床が斜めに切れています。慣れないと違和感があって構えにくいのです。

ある日の練習で右端の打席を選んだら、次の練習のときは左端の打席を選びます。右か左か、どちらかの打席と相性が悪いはずです。それが判明すれば、相性が悪い打席での練習に励んでください。端部の打席での練習を続けていると、斜めに構えたときの違和感が、しだいに薄れます。景色に負けなくなるのです。

2つは、傾斜地からのショットの練習です。

踏み台（風呂場用の腰掛けなど）に右足を乗せてボールを打てば「左足下がり」の練習に、左足を乗せて打てば「左足上がり」の練習になります。2つの踏み台に乗って打てば、「つま先下がり」の練習になります。また、市販されているなかで最も高い80ミリのティーに載せたボールを、クラブを短く持って打てば、「つま先上がり」の練習にもなります。

3つは、トラブルショットの練習です。

林から脱出するときは、5～6番アイアンを使って、張り出した木の枝をかいくぐる低弾道のボールを打ちます。ところが、5～6番アイアンで低弾道のボールを真っすぐ打ち出すのは、練習していないと思いのほか難しいのです。トップしたりダフったり、打ち出す方向が狂います。

しかも、距離感が難しい。ぼくは、打ちっ放し練習場で5～6番アイアンを使ってコントロールショットを練習しています。右足の前に置いたボールを、40～80ヤードぐらいのところにある目標グリーンに向かって、距離を合わせて打ちます。

他には、3～5Wを短く持って、少し右に置いたボールを打つ練習もしています。ボールを少し右に置いて、クラブを短く持つだけで低弾道の軽く右に曲がるボールを打つことができます。この打ち方は、フェアウェイの右側から目前に立ちはだかる樹木の枝の下を抜くときに威力を発揮します。

4つは、プレッシャーがかかった練習です。50～80ヤードぐらいのところに設けられた目標グリーンのすぐ手前は池だと想定して、ショートしないように意識しながらボールを打ったり、ホームコースの苦手なホールを思い起こしながら、ボールを打つのです。これだけのことでも、プレッシャーがかかり真剣味が増します。

平衡感覚ならぬ〝平行感覚〟を養う

目標に向かって真っすぐ打ち出すためには、目標に向かう飛球線に対して両足と両肩を平行にして構える必要があります。ところが、目標に向かう飛球線に平行に構えるのはコースではもちろん、打ちっ放し練習場でも簡単ではないのです。

胸に当てたクラブを白い棒に平行にして構える

多くの人が、右を向いて構える習性があります。左肩を目標に向けて構えるからです。右を向いて構えてスウィングをすれば、押し出してしまいます。それを嫌がると、手先を使ってしまうので引っかけてしまいがちです。

上級者になるには、飛球線に平行に構える練習が欠かせません。目標に向かう飛球線上に置いたボールマーカーをスパットにして、斜めの目標に対して正しく構える練習に励むのです。この練習を続けていると、徐々に、〝平行感覚〟が身につきます。

ぼくは長さ1・2メートルの白く塗った細い角材を補助具にして、〝平行感覚〟を養っています。この白い棒を目標に向けてマット上に置き、スタンスをとって、胸にクラブを当てます。そして、カラダの向きを微調整して、胸に当てたクラブと白い棒を平行にするのです。

そのうえで頭を回して、目標を注視すると、肩が目標の左を向いている感じがして違和感があります。違和感に構わずに、そのままスウィングをすれば、ボールは真っすぐ目標に向かって飛び出します。肩が目標の左を向いているぐらいで、飛球線に対して平行に立てているのだと合点がいきます。この練習を続けていると、肩が目標の左を向いている感じがしなくなり違和感も消えていきます。

打ちっ放し練習場で〝平行感覚〟を養っていれば、しだいにコースでも飛球線に対して平行に構えることができるようになっていきます。

バンカーでスウィングを磨く

打ちっ放し練習場に行くと、ぼくは、必ずバンカー練習場に立ち寄ります。砂の上に、SWのヘッドの先端で線を引いて、その線を消しながら、連続して砂を叩《たた》いて振り切る練習をします。砂の抵抗に負けないように振り切って砂を高く飛ばし、しっかりフィニッシュをとる練習です。この練習を続ければ、だれでも一発でバンカーを脱出できるようにな

線を消しながらボールと砂を高く遠くへ飛ばす

ります。

多くの人がバンカーショットを苦手にしています。バンカーの砂の抵抗に負けているのです。インパクトで砂の強い抵抗を感じて、無意識のうちにヘッドの動きを止めて振り抜いていないのです。

砂上に引いた線を消す練習を始めると、最初のうちは、砂を厚くとったり浅くとったりするので、砂を打った跡が不規則になります。しかし、練習を続けるうちに、砂の上に整然とした連続模様を描けるようになってきます。

どうしても砂の抵抗に負けてしまって、高いフィニッシュをとるのが難しいかもしれません。それでも、徐々に振り抜けるようになり、砂を高く遠くへ飛ばすのが快感になってきます。

実は、バンカーで砂に引いた線を消す練習をすれば、後述する手首の「タテ動作」を身につけることもできます。砂を高く遠くへ飛ばすには、インパクトのあとで、手首をタテに動かして（リコック）、ヘッドを跳ね上げる必要があります。このとき、砂の抵抗があるので、手首の「タテ動作」を意識しやすいのです。バンカーで砂を高く遠くへ飛ばす練習に励んでいれば、リコックが身についていて、高い弾道の力強いショットを打てるようになっていきます。

6番
ホール

クラブはじっくり選ぶ

潜在能力を引き出してくれるクラブを選ぶ

ゴルフの大きな特徴は、14種ものクラブを使えることです。しかも、多種多様なクラブが市販されています。自分の潜在能力を最大限に引き出してくれるクラブを選ばなければ損です。しかし、多くの選択肢のなかから自分に最適のクラブを選ぶのはなんとも難しいのです。その一番の理由は、ゴルフクラブには日本工業規格（JIS）どころか、業界の統一基準さえ存在しないことにあります。

たとえば、シャフトの硬さはメーカーによってバラバラ。A社の「S」（スティフ）はB社の「R」（レギュラー）よりやわらかい、ということさえあります。

また、ゴルフクラブはヘッドとシャフトとグリップという3つの部品からできている単純な道具でありながら、仕様数値は多岐にわたります。ところが、クラブの特性を決めるヘッド重量や重心距離、重心深度などの肝心要《かなめ》の数値でさえ、店頭に置いてあるカタログに記されていません。クラブの特性を理解するには、カタログを読み込むだけでなく、メーカーに問い合わせたり、クラブの仕様の実測値を掲載している『ゴルフクラシック』の付録『重心データブック』などを参照したりする面倒な作業が必要なのです。

仕様数値を読み解くことができるようになれば、試打をするまでもなく、適切なクラブを選ぶことが可能です。ただ、そんな面倒なことはしたくないという人が多いでしょう。そこで、適切なクラブを選ぶための奥の手があります。

それは、「少し努力すれば使いこなせるクラブ」を選ぶことです。

少し手ごわいぐらいのクラブを使いこなしているうちに、潜在能力が引き出されて、上達の階段を上ることができるのです。

「使いこなせるクラブ」とは、一言で表せば、先述した「振り切れる範囲で重いクラブ」のこと。ドライバーであれ、アイアンであれ、念入りに試打をして、振り切れる範囲で重いクラブを選べば大きな間違いはありません。

近年、フィッティングをしてからクラブを販売するのが一般的になってきました。何本かのクラブを試打して、弾道計測値を見ながら、販売員は飛距離が出るクラブを勧めます。シャフトメーカーのフィッティングに行けば、何本ものシャフトを試打しながら、一番飛距離が出るシャフトを選んでもらえます。一見、科学的にクラブを選んでいるように見えるゴルフ専門店やメーカーのフィッティングには、2つの落とし穴があります。

1つは、狭い試打室では、本来の力を出してスウィングするのが難しいということです。試打室で真っすぐ打てて飛距離が出るクラブをコースに持ち出せば、引っかけてしまい、それを嫌がれば、力を抑えて手打ちをすることになりがちです。少なくとも、メーカーが主催する打ちっ放し練習場での試打会でじっくり試打する必要があります。できれば、メーカーの「試打クラブレンタル」などを利用して、いつも通っている打ちっ放し練習場やコースで念入りに試打したいところです。

2つは、現状のスウィングを肯定するクラブやシャフト選びになってしまいがちなことです。たとえば、スライスを多発する人には、つかまりのよい、すなわちフックフェースで重心角が大きくて重心距離が短めのヘッドと、やわらかいシャフトを組み合わせたドライバーが勧められます。そのドライバーで試打して、弾道計測の画面でボールがスライスしないで真っすぐ飛んでいれば説得力があります。

しかし、そんな〝お助けクラブ〟を使っていては、「バックスウィングで開いたフェースをダウンスウィングで閉じる」という基本動作はいつまでたっても身につきません。ドライバーを買い替える前に、レッスンを受けたり練習に励んだりして、スウィングの基本動作を身につけることが先決なのです。インパクトでフェースを飛球線に直角に戻せるようになれば、方向性がよくなるだけでなく飛距離が出るようになり、上級者への一歩を踏み出せます。

現状のスウィングを丸ごと肯定するクラブやシャフトを選んでいては、自分の手で上達を阻《はば》むことになってしまいかねないのです。

繰り返しますが、現状のスウィングに合うクラブやシャフトを選ぶのではなく、潜在能力を引き出してくれるクラブやシャフトを選ぶのです。

ぼくは我がコーチに、クラブ選びについても相談しています。プロは仕事柄、新製品のクラブを試しています。ヘッドスピードが同じくらいの我がコーチが実際にコースで使ってみた体験談は実に参考になりますし、プロの間で評判がよいクラブの情報も教えてもらえます。

〝年寄りクラブ〟にご用心

クラブ選びにおいて最も重要な判断基準はヘッドスピードです。ところが、自分の正確なヘッドスピードを把握している人は少ないのです。まずは、自分の正確なヘッドスピードを把握し、それに合わせてクラブを選べば大きな間違いはしません。

ぼくは、手のひらサイズのスピード測定器を打ちっ放し練習場に持参して、インパクト直前のヘッドスピードとインパクト直後のボールスピードを測定しながらボールを打っています。かつてのように、ヘッドにマグネットを貼る必要もなく、ボールの後ろ1〜1・5メートルに測定器を置いておけば、1球ごとに自動的に測定値が示されます。新しいクラブを試打するときにもこの測定器を持参します。自分の手でヘッドスピードとボールスピードを確かめるのです。

どのメーカーでも、次のように、大きく分けて3つの「製品ライン」のクラブを製造しています。

●ヘッドスピードが46m／s前後の「パワーヒッター向けクラブ」
●ヘッドスピードが40〜43m／sの「一般アマチュア向けクラブ」
●ヘッドスピードが37〜40m／sの「シニア向けクラブ」

設計ヘッドスピードが速いほど、総重量は増え、重心距離は短く、シャフトは硬くなります。ドライバーの総重量で言えば、それぞれ、310〜320、290〜300、270〜280グラムぐらいです。

このなかで注意が必要なのは、やわらかいシャフトを挿した軽い「シニア向けクラブ」です。カタログのどこを見ても「シニア向け」とは記されていません。しかし、「楽に上がって優雅に飛ばせる」などと書いてあり、ヘッドが山吹色に塗られているので、シニア向けという匂いがぷんぷんしています。

　試打してみると楽に振れて飛距離が出るので、これ幸いとシニア向けのクラブを選べば落とし穴にはまります。しばらくすると、軽いクラブに合わせた手打ちスウィングになって、みるみるうちに飛距離が落ちてしまいます。それどころか、下半身を使わなくなるので、腰やヒザの関節に負担がかかって痛めやすくなります。

　友人の田中俊さんが、昨年、あるゴルフ専門店に立ち寄って、ドライバーを衝動買いしました。勧められるままに1本のドライバーを試打すると、振りやすいので気に入ったのです。計測値を見れば飛距離も出ています。70歳の田中さんは、「もう年なのだから軽いドライバーに切り替えてもよいだろう」と思ったのだそうです。

　それまで使っていたドライバーは、総重量306グラムの少し手ごわいクラブです。田中さんは上半身の筋肉が強いので、フジクラのフィッターの見立てで、重量58グラムの「スピーダー555」に数年前にリシャフトしたのです。一方、田中さんが購入した新しいドライバーの総重量は280グラムにすぎません。前のドライバーより26グラムも軽いのです。

　ある日、新しいドライバーを手にした田中さんはご満悦でした。真っすぐ快調に飛ばしています。そして、グロス77で回ってベストスコアを更新したのです。ぼくは、「いずれ手打ちになって飛ばなくなる」と内心では危惧《きぐ》していました。しかし、せっかくの快進撃に水を差すようなことは言えません。

半年もしないうちに、田中さんのドライバーから快音が消えました。そしてある日、150ヤードしか飛ばなくなったと嘆いています。そこで、「重めのドライバーで下半身主導で振っている人が軽いドライバーを導入すれば、しばらくは重いドライバーを振るつもりでスウィングをするので飛ばせる。そのうち、軽いドライバーに慣れて下半身を使わなくなって、飛距離がガクンと落ちる」と説明しました。

次に会ったとき、田中さんは「飛距離が戻った！」と喜んでいます。2週間ほど前に、元のドライバーに戻したら、すぐに元の飛距離を出せるようになったのです。

現在68歳のぼくの正確に測ったヘッドスピードは37～38m／sです。年齢からしても、ヘッドスピードからしても、ぼくには「シニア向けクラブ」が適していると思われるかもしれません。ところが、未だに「一般アマチュア向けクラブ」を使っていて、なんの支障もありません。

それどころか、「シニア向けクラブ」に手を出していないおかげで、ヘッドスピードはあまり落ちていないのです。ぼくがシングルの壁を破った59歳のころのヘッドスピードは39～40m／sでした。それから9年が経過して筋力は相当低下しているはずなのに、ヘッドスピードは2m／sほどしか落ちていません。

もう年だからという理由だけで〝年寄りクラブ〟を使うのは禁物です。一度楽をすれば、一方通行の坂道を下るしかありません。

ちょっと手ごわいクラブを使いこなそうとして練習に励むことが、ゴルフ人生を全うするためには、なによりも人切だと思っています。

13本を重さと長さの階段に乗せる

ドライバーからSWまでの13本を、同じメーカーの同じ「製品ライン」のクラブでそろえれば、大きな間違いはありません。メーカーは13本のクラブの調和を考えているからです。

特定のクラブが上手く打てない人の13本のクラブには、異分子が交じっている可能性があります。メーカーやブランド（製品ライン）が異なるクラブを交ぜたり、古いクラブと新しいクラブを交ぜたりして使っている人は要注意です。重さや硬さ、重心距離などの調和がとれていない可能性があります。

練習場では同じクラブで何球でも打てます。しかし、コースに出れば、1球ごとに長さも重さも異なるクラブに持ち替えて打つことになります。練習場では上手く打てるのに、コースに出たらさっぱりというときは、クラブ全体の調和がとれていないことが多いのです。いつも安定したプレーをするためには、ドライバーからウェッジまで、違和感なくスムーズにスウィングできる必要があります。13本のクラブを「ひとつの道具」として考えるのです。

クラブ全体の調和を考えるうえで重要なのは、「振りにくさ」（クラブ全体慣性モーメント）です。「振りにくさ」を決めるのは、主にシャフトの長さとクラブの総重量です。クラブの長さは番手によって決まっています（例外もありますが）。クラブが長くなるにしたがって少しずつ軽くして、クラブの「振りにくさ」をそろえる必要があります。

専用の計測器を備えているゴルフ工房に行けば「振りにくさ」を測定してもらえます。また、ヘッドとシャフト、グリップの重さと長さを調べて数式に入れて計算することもできます。しかし、そんな面倒なことをしなくても、13本のクラブの長さと総重量さえわかれば、13本のクラブの調和を吟味することが可能です。

クラブの長さはカタログに記されています。クラブの総重量は、料理用の秤《はかり》を使って計量します。そのうえで、タテ軸を総重量、ヨコ軸を長さにしたグラフを作成するのです。各クラブの点と点の間が滑らかにつながっていれば合格です。ギクシャクした折れ線になっていれば要注意です。

参考のために、P88に、ぼくが使っている13本のクラブの総重量と長さの折れ線グラフを示します。ドライバーは47インチの長尺なので、少し振りにくいことがわかります。しかも、スウィングウェートはD5で、他のクラブより5〜6ポイントは重いのです。ドライバーはティーアップしておいて思い切って振るクラブです。他のクラブより振りにくいぐらいでちょうどよいのです。

また、P89に、ぼくの友人のTさんが使っていたクラブの総重量と長さの折れ線グラフも示します。Tさんが「フェアウェイウッドでのミスショットが多い」と嘆いていたので、ぼくが13本のクラブの総重量を計量するように助言しました。Tさんの折れ線グラフを見れば問題点は明らかです。

メーカーも製品ラインも異なる3本のフェアウェイウッドの調和がまったくとれていなかったのです。

わざわざ難しい組み合わせにすることはない

アイアンの調子がよいときはドライバーの調子が悪い、逆に、ドライバーの調子がよいときはアイアンの調子が悪いという人は、アイアンとドライバーの釣り合いがとれていない可能性があります。

●クラブ重量の流れ（筆者）

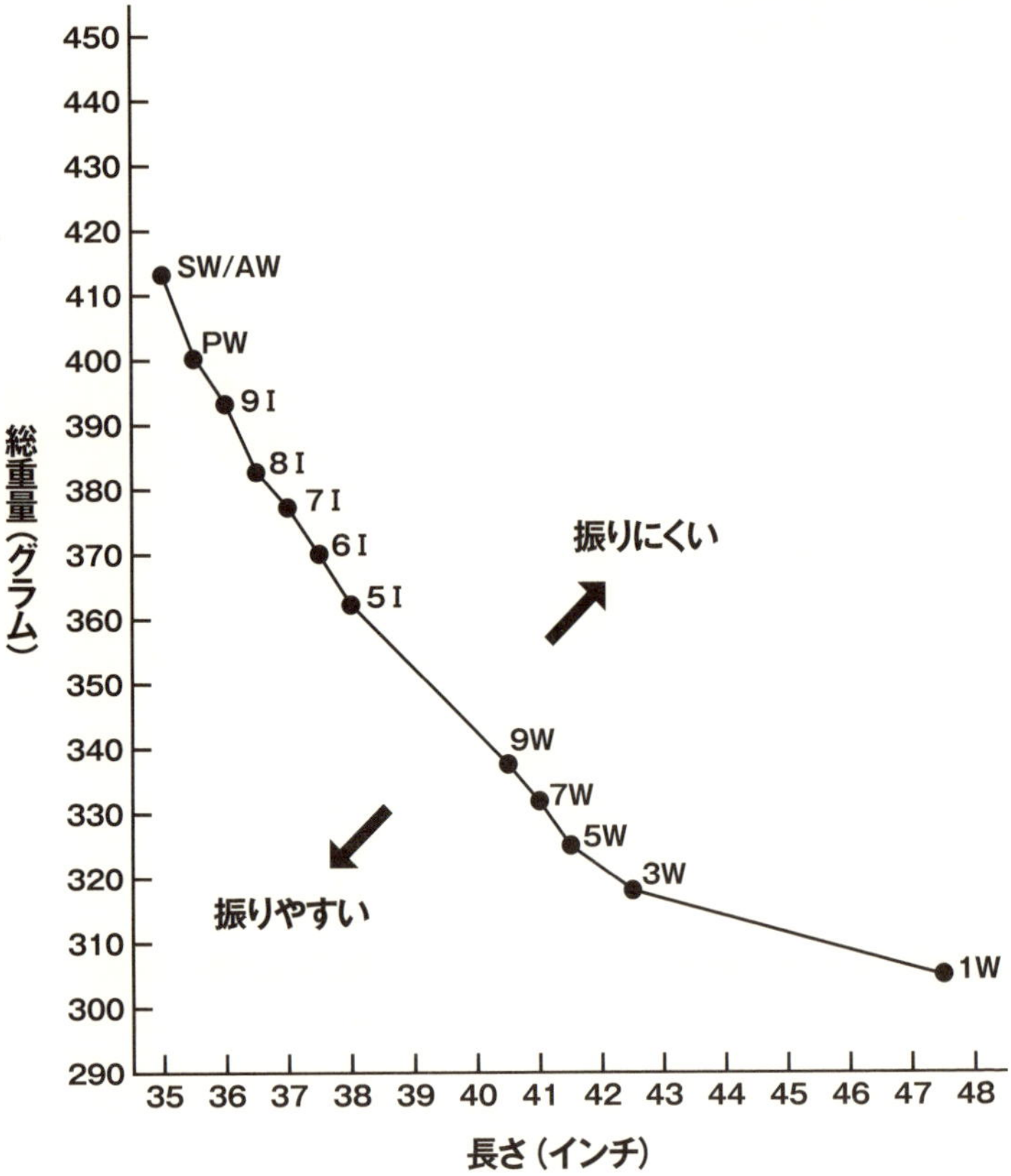

総重量（グラム）
450
440
430
420
410
400
390
380
370
360
350
340
330
320
310
300
290
SW/AW
PW
9 I
8 I
7 I
6 I
5 I
9W
7W
5W
3W
1W
振りにくい
振りやすい
35 36 37 38 39 40 41 42 43 44 45 46 47 48
長さ（インチ）

●クラブ重量の流れ（Tさん）

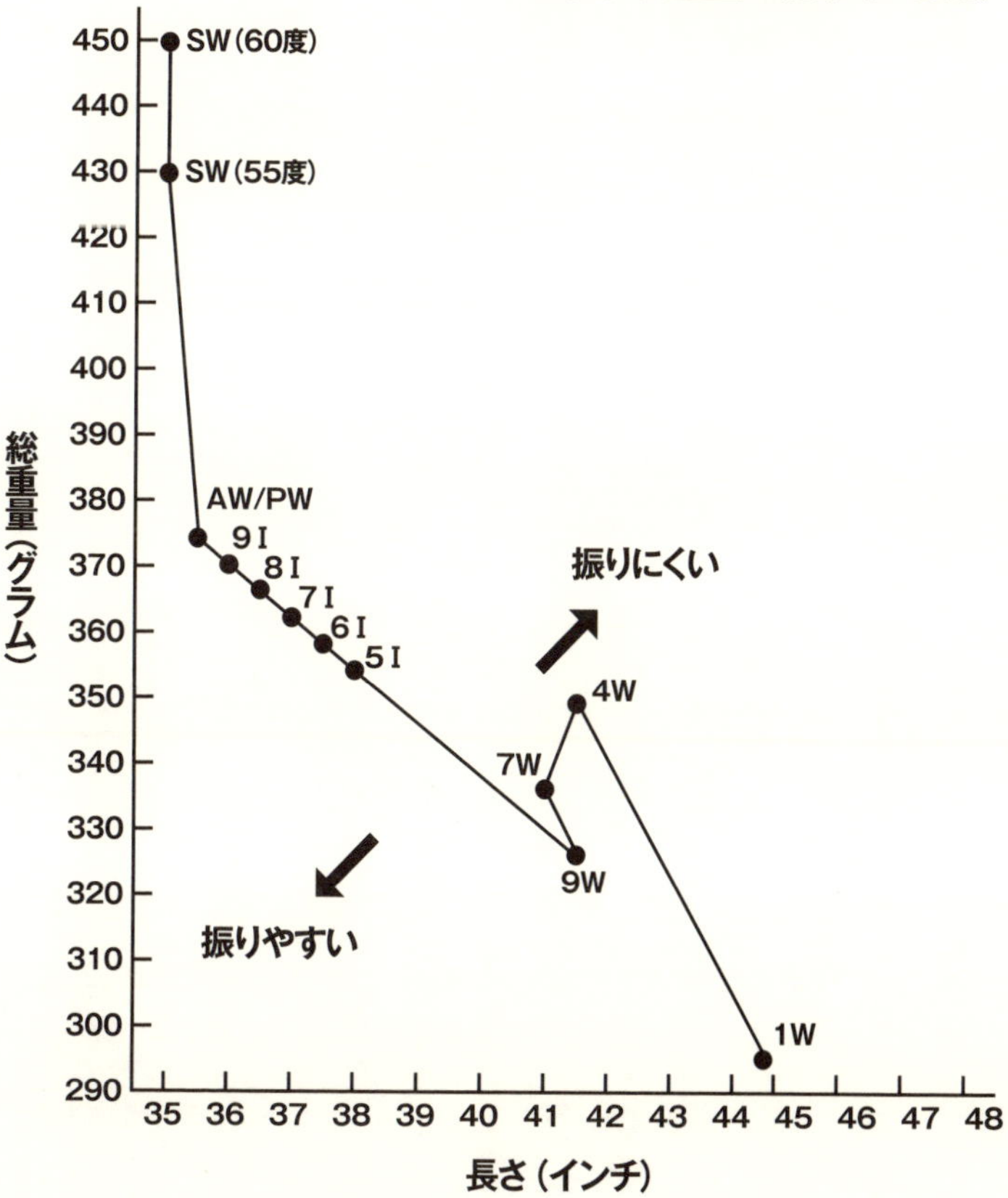

アイアンとドライバーの釣り合いを検討するうえで最も重要なのは総重量です。クラブを買い替えるときには、現在使っているクラブの総重量を確認する必要があります。同じメーカーの一般アマチュア向けのクラブだからといって無頓着に買い替えると、せっかくの買い替えがムダに終わることがあります。メーカーは、新製品の総重量を大きく変更することがあるからです。

同じ一般アマチュア向けのクラブであっても、メーカーによって総重量はかなり違います。主要メーカーの現行のカーボンシャフトのクラブの総重量を調べると、アイアンは３４６〜３７５グラムまで29グラムの幅があり、ドライバーは２７８〜２９７グラムまで、19グラムの幅があります。仮に、一番重いアイアンと一番軽いドライバーを組み合わせると、重量差は97グラムにもなります。逆に、一番軽いアイアンと一番重いドライバーを組み合わせれば、重量差は49グラムです。異なるメーカーのアイアンとドライバーを組み合わせる場合には、重量差に注意を払う必要があります。

ちなみに、体重53キロにすぎない非力なぼくが使っている5番アイアンとドライバーの重量は、それぞれ３６２グラム、３０４グラムで、重量差は58グラムです。

アイアンとドライバーそれぞれの「重心距離」にも注意を払う必要があります。重心距離はスウィングのリズムとテンポに大きな影響を及ぼすからです。重心距離が長くなれば

●重心距離をそろえる

なるほど、テイクバックで開いたフェースがインパクトで閉じるまでに時間がかかります。重心距離が長くなればなるほど、ゆったりとスウィングする必要があります。

また、重心距離が長いほど飛距離が出ます。重心距離をわずか2ミリ長くするだけで、1番手の長いクラブの飛距離が出せるのです。一般アマチュアが、プロや一部の上級者向けの重心距離が短いアイアンを使うのは禁物です。飛距離が落ちるだけでなく、ドライバーとの釣り合いをとるのが難しくなるからです。

重心距離をカタログに記載しているメーカーはほんの一握りです。重心距離を知るには、メーカーに直接電話して教えてもらうか、クラブの仕様数値を実測して掲載している専門的な本を参照する必要があります。スウィングに大きな影響がある重心距離がどうしてカタログに記されていないのか、ぼくには不思議でなりません。

市販されている一般アマチュア向けのアイアンの重心距離は、5番アイアンで35～45ミリの幅があります。一方、一般アマチュア向けのドライバーの重心距離も、34～45ミリの幅があります。

ちなみに、ぼくが使っているプロギア社のアイアン「TR-X 915CR」とドライバー「T3ブルー」の重心距離は、それぞれ41・5ミリ、40・0ミリです。

重心距離が大きく異なるクラブに買い替えるのは問題です。現在のクラブと二人三脚で時間をかけてつくりあげたリズムや、切り返しのタイミングの修正を迫られる羽目になるからです。

最後に、ウェッジについて一言。

一般アマチュア向けのアイアンを使っていながら、スピンがかかるという評判に魅《ひ》かれて、プロ仕様のウェッジを使っている人がいます。しかし、プロ仕様のウェッジは、一般アマチュア向けのウェッジと、総重量も、重心距離も、重心高も大きく異なるのです。練習量が少ない一般アマチュアがプロ仕様のウェッジを使いこなすのは難しいことですので、セットに含まれているウェッジを使うのが賢明でしょう。

7番
ホール

クラブは調整したうえでなじませる

信頼できるゴルフ工房を行きつけにする

間違いのないクラブやシャフト選びをするためには、クラブの物理的な特性に精通しているゴルフ工房を行きつけにするのが得策です。信頼できるゴルフ工房を見つけて長い付き合いをするのです。

ゴルフ工房は、ロフト角やライ角、振動数などの測定器をそろえているところを選びます。「シャフト剛性測定器」を備えているところが理想です。後述しますが、「3点剛性」を基準にすれば、間違いのないシャフト選びができるのです。

また、弾道解析が可能な試打室を備えているところを選びます。ヘッドスピードやボールスピードなどを測定したうえで、試打をしながらクラブやシャフト選びをする必要があるからです。

コースや打ちっ放し練習場に併設されているゴルフ工房もおすすめです。まさに実戦的な試打をしながらクラブ選びができるからです。ぼくは、「ヤードスティック」（大阪府茨木市、電話072・637・2043）というゴルフ工房を行きつけにしています。新しいクラブを購入すれば、即、ヤードスティックへ持って行って、ロフト角、ライ角、振動数などを計測してもらいます。そして狂いがあれば、その場で修正してもらうのです。

ライ角は、1番手でわずかに0・5度の違いしかありません。製造段階での品質管理が甘ければ問題です。

ぼくが購入したあるゴルフメーカーのアイアンセットのライ角を測定したところ、7番アイアンのライ角が1度、9番アイアンとPWは、それぞれ0・5度狂っていました。

ボールは、ライ角が大きくなると左に、小さくなると右へ出やすくなります。この傾向は、ロフト角が大きくなるほど強まります。すなわち、長いクラブではライ角の狂いの影響はそれほどでもありません。しかし、ロフト角40度以上の短いクラブ（9番アイアンより短いクラブ）では、ライ角の影響が出ます。特定の短いクラブで、押し出したり、引っかけたりするときは、ライ角の狂いを疑ってみる必要があります。

ドライバーのロフト角が狂っていたり、意図的に小さく表示されたりしていることがあるので要注意です。数カ月前、よく売れていると評判のドライバーを新規に購入して、コースに持ち出すとやけに弾道が高いということがありました。使い始めて2週間後に、この新ドライバーをヤードスティックに持ち込んで、ロフト角を測定してもらうと、10・5度のはずのロフト角が、実際には12度もあったのにはびっくり！

メーカーが本当のロフト角より小さく表示するのは、ゴルファーの自尊心を傷つけないためだそうです。12度と表示すると、年寄り向けのクラブだと誤解されて売れないのです。

これまで長い間、ロフト角10・5度のドライバーを使ってきました。今度もロフト角が10・5度という前提で新しいドライバーを購入したのです。ボールが吹き上がるドライバーは、即、お蔵入りです。こんなことが起きるのも、先述したように、ゴルフクラブには統一規格が存在しないからなのです。

クラブを自分仕様に整える

クラブをはじめとする多くの工業製品は、多くの人に向けて作られている「汎用品《はんよう》」なので、快適に使うには、自分仕様に整える必要があります。

ぼくは、新しいクラブを購入すれば、グリップを、即、使い慣れているゴルフプライドの「ツアーベルベット・ラバー（バックラインなし）」に交換します。多くのプロが使っている、しっとりした手触りの約52グラムの世界標準グリップです。値段が手ごろなので惜しみなく1年で替えることができます。アイアンとフェアウェイウッドには標準径の

「M60R」を、ドライバーには少し太くするために「M58R」を使います。

最近の一般アマチュア向けのクラブに装着されている純正グリップは、40グラム台前半の軽量で、細めのものが多いのです。なかには30グラム台のものさえあります。ヘッドやシャフトを軽くすると、スウィングウェート（ヘッドの利き具合を示す数値）を標準とされているD0～D1にするためには、グリップも軽くする必要があるからです。「スウィングウェートはD0～D1が標準」という考えは、パーシモンヘッドとスチールシャフト時代の遺物です。しかし、一般ゴルファーがスウィングウェートはD0～1でなくてはならないと固く信じ込んでいるので、メーカーも逆らえないのです。

グリップ交換を自分でするると、市販の軽いクラブのグリップが薄くてペラペラなのにはびっくりします。しかも、バックラインが入っているものが多いのです。ぼくは、バックラインによって握り方を強制される感覚が好きではありません。グリップに違和感があるとスウィングに影響があります。なにも気にしないで自由に握ることができる「バックラインなし」のグリップが好みです。

グリップがあまり軽いとダウンスウィングで手元が先行してヘッドが遅れやすく、また、グリップが細いと手先を使いやすいので、注意が必要です。

40グラムのグリップを50グラムにすれば、スウィングウェートD0は2ポイント軽くなりＣ８になります。一般アマチュアが、Ｄ０とＣ８の違いを感じることは難しいことです。数ポイントのスウィングウェートにこだわる必要はないのです。どうしてもスウィングウェートをＤ０にしたいのであれば、ヘッドに数グラムの鉛を貼れば済むことです。

異なるメーカーのフェアウェイウッドを混ぜて使う場合は、まず、カタログを参照してロフト角をよく確かめることが必要です。メーカーによってロフト角がかなり違うのです。しかし、ロフト角を確かめるだけでは安心できません。実測するとロフト角が狂っていることがあるからです。

フェアウェイウッドでは、ロフト角は1番手で2～3度違うように設計されています。たとえば、カタログ上では５Ｗと７Ｗのロフト角が、それぞれ18度と20度だとします。たとえ狂いが1度だとしても、５Ｗが大きいほうに1度狂って19度、逆に７Ｗが小さいほうに1度狂って19度だったとすれば、1番手違うのにロフト角は同じになってしまうのです。

そして、14本目のクラブであるパターに関しても、書いておかねばなりません。

パターは最も使用頻度が高いクラブです。それにもかかわらず、ヘッド形状やネック形状、重量や長さなどに注意を払わず、なんとなく外観や評判で選んでいる人が多いようです。

しかし、パターはヘッド形状などによって特性が大きく異なるのです。ヘッド形状を変えると、自分では意識していなくても、打ち方や距離感が変化します。異なるヘッド形状のパターを、あれこれ取り替えるのは問題です。いつまでたっても打ち方が安定しないだけでなく、距離感を養うのが難しいからです。

ぼくの「2ボール」パターは、時間をかけて調整済みです。ヤードスティックで、グリップ部分のシャフトの中に40グラムの真鍮《しんちゅう》の錘を埋め込んでもらいました。ヘッドにも鉛を貼ってあります。重量調整をしたぼくのパターは、腕と一体になって滑らかに動きます。メーカーが「生みの親」だとすれば、ぼくは「育ての親」だと言ってもよいくらいです。

ドライバーにはリシャフトが欠かせない

シャフトには、クラブメーカーがあらかじめヘッドに組み付けている純正品と、シャフトメーカーが販売しているリシャフト用の製品があります。ぼくは、ティーアップしてあるボールを思い切って打つドライバーはリシャフト（シャフト交換）する必要があると思っています。純正のシャフトがもったいないのですが、背に腹はかえられません。クラブメーカーの純正シャフトの多くは、振りやすさを重視した軽くてやわらかいものばかりだからです。

少し古い話ですが、２００７年6月19日号の『週刊ゴルフダイジェスト』に、「あなたのシャフトの本当の硬さを教えます」という特集記事がありました。人気ドライバーの純正シャフトの硬さを、「客観的な基準」で計測することによって、ベールに包まれた業界の実情に切り込んだ興味深い記事です。この記事が明らかにした実情は、5年たった今でも変わっていないはずです。

客観的な基準というのは、先述した「3点剛性」です。シャフトの手元から25センチ、中央、先端から25センチの3カ所の剛性値を、「24－12－6」というように数値で示すのです。数字が大きいほど剛性が高い（硬い）ことを示しています。

この記事を読むと、メーカー各社の純正シャフトの仕様設定がバラバラであることがわかります。まず、計測された41機種のドライバーのほとんどの「R」シャフトはやわらかすぎて、実際には「A」か「L」相当なのです。

次に、同じメーカーの「S」と「R」の性質が大きく異なるのです。同じメーカーの「S」は「R」より少し硬いだけだと思っていました。しかし、極端に硬さが違うシャフトが多いだけでなく、3点剛性分布が大きく違うのです。「S」と「R」ではまったく別モデルと考えなくてはいけないシャフトが実に多いのです。

さらに問題なのは、元調子や中調子のシャフトばかりなのです。手元がしっかりした先調子のシャフトは、2社の2機種だけです。

この記事を読んで、改めて、純正シャフトのドライバーでは、身体能力を存分に引き出すことは難しいと確信しました。

シャフトの3点剛性については、『ゴルフクラシック』の2012年4月号や、『チャレンジ！ゴルフクラブリシャフト＆チューン2012』で詳しく解説され、測定値も掲載されています。

最近では、クラブメーカーが用意しているリシャフト用の製品をあらかじめ注文して組み付けてもらうことも可能になってきました。ところが、用意されているシャフトは、種類も数も限られているうえに、体力のあるパワーヒッター用の重くて硬いものばかりです。

思い切って振るドライバーのシャフト選びはおろそかにできません。クラブ選びの専門家の助言を受けながら、3点剛性の数値を参考にして、潜在能力を引き出してくれるシャフトを選ぶのが得策です。

ぼくが愛用しているドライバーのシャフトは、先述したヤードスティックの「ツアースティックW52」（51グラム）で、長さは47インチ、3点剛性は「24・4－11・9－6・6」です。手元がしっかりしていて、先端がやわらかめの先中調子のシャフトです。

このシャフトに替えたのは、5年前です。ヤードスティックで、47～48インチの長尺にすることを勧められました。シャフトを1インチ長くすれば6ヤード飛距離を伸ばせるとのことでした。47インチを試打してみると、問題なく振り切れます。こうして、長さ47インチ、総重量304グラム、スウィングウェートD5のドライバーが完成しました。

それまで使っていたフジクラの「スピーダー474」（R2）を装着したドライバーより、2インチ長く、総重量は10グラム重く、スウィングウェートは6ポイントも重いのです。

取り外した「スピーダー474」（R2）の3点剛性を計測してもらうと、「17・7－10・8－8・7」だとわかりました。今から思えば、なんとも手元がやわらかいシャフトだったのです。このシャフトを装着したドライバーでは、どうしても手加減してしまい思い切って振ることができません。

新しいシャフトを装着したドライバーは、最初のラウンドで少し手ごわい感じがありました。手元剛性が38％も大きくなり、2インチ長くなったからです。それでも「使いこなしてやろう！」という気持ちになったのです。その一番の理由は、はっきりと飛距離が出るようになったからです。

新しいドライバーの問題は、油断すると右方向へ押し出してしまうことでした。フェアウェイの右側がOBになっているホールでは気が抜けません。新しいシャフトを手なずけるのに、結局、1年近い時間がかかりました。大げさに言えば荒馬を乗りこなしたような気がします。今ではよほどのことがなければ、右方向へ押し出すことはありません。

重くて長いクラブは、手打ちでは打てません。下半身主導のスウィングでゆったり振るしかないのです。

腰周り73センチの細身のぼくでさえ、この少し手ごわいドライバーを今ではすっかり自分のものにしています。少し手ごわいシャフトを、時間をかけて使いこなしているうちに、潜在能力が引き出されて、スウィングが進化し、その結果として、飛ぶようになり方向性もよくなるのです。

もう少し齢をとって体力が落ちれば、3点剛性が「20－10－6」である「ツアースティックW45」（45グラム）を使うつもりです。0・5インチ長くして47・5インチ（「60度法」ではルール上限の48インチ）にします。3点剛性の傾向が同じなので、「ツアーステイックW52」から安心して移行することができます。ただ、ギリギリまで踏ん張るつもりではありますが。

14本の「武士の魂」

ぼくは、アイアンにもヘッドカバーを被せています。

プレー中や移動中に、アイアンのヘッドが、フェアウェイウッドやドライバーのシャフトに当たって傷をつけるのを防止するためです。

ラウンド中も、アイアンにヘッドカバーを被せたままにしています。以前、ヘッドカバーを外したままキャディバッグに差していたドライバーのシャフトが、アイアンのヘッドに当たって、傷ついたことがあったからです。カーボンシャフトは打ち傷に弱いのです。

いちいちアイアンのカバーを外して打つのは面倒だと思われるかもしれませんが、長年にわたって続けてきたので、面倒に感じることはまったくありません。

ぼくは、ラウンド後には、ヘッドを洗浄し、シャフトに付着した汚れや水分を拭き取ります。ときには、フェアウェイウッドとドライバーのヘッドにワックスをかけます。ピカピカになったヘッドを見ると気分がよいのです。

さらには、グリップを中性洗剤で洗浄し、ぬるま湯でじっくりとすすいで、水分を拭きとり自然乾燥させます。

ただ、いくら手入れをしても、グリップは、オゾン、熱、汚れ、皮脂によって1年ほどで劣化し、硬くなってきて、当初のしっとりとした感触が失われます。劣化したり摩耗したりしたグリップでは、クラブが滑るのではないかと感じて、知らず知らずのうちにクラブを強く握ってしまって、腕や手首に緊張を与えてしまうので注意が必要です。

そこで、1年に1回、ゴルフシーズンが始まる前に、自分でグリップ交換をします。交換したばかりのグリップを握ってワッグルをすると、指や手のひらにしっくりとなじんで気持ちがよいのです。

ちょっと大げさですが、クラブは「武士の魂」だと思って手入れをしています。

8番
ホール

ホームコースをゴルフ基地にする

ホームコースを持てば大いに得をする

今や、多くのゴルフコースがビジターを大歓迎しています。ビジターのプレー料金が下がり、ネットで簡単にプレー予約ができるようになったので、会員権を購入するまでもないと思っている人が多いかもしれません。しかし、会員権相場が下がった今こそ、会員権を購入してホームコースを持てば大いに得をするのです。

理由は6つあります。

1つは、経済的な便益です。

会員になると、平日も週末も同一料金でプレーすることができます。ぼくが所属しているベニーCC（大阪府）を例にとると、週末と祝日のセルフでのメンバー料金とビジター料金は、それぞれ7000円と1万8000円であり、差額は1万1000円です。すなわち、月に2回、週末にプレーすれば、1年間の差額は26万4000円です。年会費3万

8000円を差し引いても、22万6000円の年間差益を得ることになります。

この年間差益によって、名義書換料84万円と売買手数料5万円を合わせた初期費用89万円は、4年弱で回収できます。ちなみに、月に3回プレーするとすれば2年6カ月弱で回収できます。

会員権購入費を含めた初期費用の全額289万円は、月に2回、週末にプレーするとして13年弱で回収できます。すなわち、13年たてば、仮に会員権が紙くず同然になるとしても手元に差益が残る計算です。ちなみに、月に3回プレーするのであれば8年1カ月弱で全額を回収できます。

週末や祝日のビジターのプレー料金は未だに高いのです。週末にプレーをしたい人にとって、会員権を購入するうまみは大いにあります。

2つは、ゴルフ仲間を得られることです。

会社を離れて、利害関係のないゴルフの絆で結ばれた人間関係を構築すれば、ゴルフ人生の幅がぐっと広がり、奥行きも深くなるのです。クラブ内にある会員を対象にした非公式の競技会に入会すれば、あっという間に仲間の輪が広がります。

3つは、他の会員と切磋琢磨できることです。

上級者と練習ラウンドをしたり、競技会に参加するなどして一緒に回れば大いに刺激になります。上級者は同伴者のスウィングをよく観察しています。ラウンド直後に、率直に助言をしてもらうのです。現場での助言は身につきます。

4つは、エチケットやルールを肌で覚えられることです。「ゴルフ規則」を繰り返し読むだけでは、エチケットやルールは身につきません。クラブ競技に参加して、ラウンド中に起きる様々な問題を処理することによってはじめてゴルフ規則は体得できるようになるのです。

ちなみに、ゴルフ規則が身についてくると、キビキビと行動できるようになります。こうなれば、同伴者によい印象を与えるだけでなく、スコアもよくなるのです。

5つは、公式ハンディキャップを取得できることです。ハンディキャップ掲示板に掲げられている自分の名札を見れば、ハンディキャップを1つでも改善しようとして努力するようになります。

6つは、コースに愛着を持つようになることです。自分の所属コースだけでなく、どこのコースに行っても、ボールマークを積極的に直したり、デボット跡を目土で埋めたり、バンカーをきれいに均《なら》すようになります。

ホームコースを持てば、ゴルファーとしてひと皮むけます。そして、なによりもゴルフ人生が一段と充実するのです。

会員権を購入する際の8つの留意点

48歳のとき、会社の先輩から、「所属しているゴルフクラブに心を許せる大切な仲間がいる。親しくなるのに10年かかった」と聞きました。この言葉はストンと胸に落ちたのです。第二の人生について考え始める年齢に達していたからです。即、ゴルフクラブに入会しようと決めました。色々と調べたうえで、1年後にベニーCCの会員権を購入したのです。

それから20年近くが経過して社会情勢は激変しました。この変革の時代に、どんな観点からゴルフクラブを選べばよいのでしょうか。ゴルフクラブとは長い付き合いをするのですから慎重に選ぶ必要があります。

ぼくの経験に基づいて、ゴルフクラブへの入会を検討するときの留意点を並べてみましょう。

1つは、クラブライフの充実度です。

月例杯をはじめとする競技会を数多く開催していて、会員同士の懇親会がたくさんあるゴルフクラブを選ぶのです。

入会すれば、徐々に友人が増えます。年をとってからわかるのは、時間をかけて築いた友人関係はなにものにも代えがたいということです。生涯の友を得るつもりで長い目で見て、入会するゴルフクラブを選ぶ必要があります。

2つは、予約の取りやすさです。

一番望ましいのは、ひとりでふらりと行ってもプレーさせてもらえることです。ぼくのホームコースでは、朝到着すると、マスタールームの前に置いてあるスタート表に自分の名前を書き入れます。キャディマスターが他の会員と組み合わせてくれて、スタート時間が来れば呼び出してくれます。ひとりで通っていれば、すぐに顔なじみが増えてクラブに溶け込むことができます。

3つは、適正な会員数です。

18ホールで1500人程度であれば、予約に困ることはありません。18ホール当たり3000人を超えるようなゴルフクラブでは、競技会に出場するのにひと苦労します。

4つは、自分の身の丈に合ったゴルフクラブであることです。

会員権を購入するということは「共同体」の一員になるということです。どんな共同体なのかを見極める必要があります。自分と社会的立場や経歴が似通っている会員が多いゴルフクラブを選べば、ウマが合うゴルフ友だちをつくれます。

5つは、自宅からの距離です。

ホームコースには頻繁に通うことになります。時間的にも経済的にも近いに越したことはありません。若いときには車で長距離を走るのは苦になりません。しかし、60代の後半になれば1時間の運転でも少し抵抗を感じるようになります。

6つは、会員権価格の安定性です。

高齢化や年会費の値上げで退会者が増える一方で、次世代の入会希望者が増えないので、会員権価格は未だに下落傾向です。そのなかでも、よく調べれば、会員権価格が下げ止まっているゴルフクラブもあります。退会者と入会者の均衡がとれている優良ゴルフクラブです。

7つは、メモラビリティが高いコースを選ぶことです。

各ホールが個性的で、一度プレーしただけでは味わい尽くせない、自然の地形を生かした変化に富んだコースを選べば、年間50～60回プレーしても飽きることがありません。

8つは、コースの難易度に注意を払うことです。

夫婦で愉しくプレーできればよいというのであれば、短くてやさしいコースがよいでしょう。一方、腕を磨きたいのであれば、フェアウェイが狭くて変化に富んだコースが適しています。グリーン手前に池や深いバンカー、ダブルバンカーなどがあり、安易なプレーを許さないコースが修業には最適なのです。グリーンに向かってフェアウェイが絞り込まれていて、グリーンに近づくにつれて高い精度が要求されるコース、打ちのめされても「なにくそ！」と挑戦したくなるコースが望ましいです。

さらに、起伏に富んだ大きなグリーンを持つコースを選ぶのです。最初は、3パットが続くかもしれません。しかし、徐々にラインを読むのが得意になり、ロングパットも上手くなります。また、3パットをしないように、落としどころを考えながらアプローチをするようになります。

ホームコースの選定にあたっては、色々と調べたうえで候補を絞り込んで、実際に何度か視察プレーをして、コースの特徴と雰囲気を確かめたうえで決断をしましょう。

苦手ホールに立ち向かえばひと皮むける

ホームコースに通っていると、得意なホールと苦手なホールができます。苦手ホールの克服が上達のカギです。苦手ホールによって浮き彫りになった自分の弱点を克服する努力をしていれば飛躍できるのです。

ぼくは長い間、ホームコースの3番パー4（369ヤード）が苦手でした。ティーショットを、フェアウェイの右端に位置するティーグラウンドから左方向に斜めに打ち出す必

具体的な目標（左手の島のあるバンカー）を狙うことに集中してゆったりと振り切る

要があります。ところがそれができずに、OBであるフェアウェイ右の林に打ち込んではよく苦い思いをしていました。ティーショットが少しでも右に出るとヒヤッとします。フェアウェイ右端で跳ねたボールが白杭を越えることがあるからです。

フェアウェイ右の林を過剰に意識すると、カラダが開いてしまって、押し出したり、スライスを打ったりするのです。右に打たないようにしているのに、かえって吸い込まれるようにボールが右へ飛び出します。右へ押し出すことを警戒すると、今度は引っかけて、左の林に打ち込んでしまいます。

今では、このホールでティーショット

を失敗することはめったにありません。先述したように、打ちっ放し練習場の端部の打席で「斜めショット」の練習に励んだからです。

また、このホールは第2打が難しいのです。フェアウェイはグリーンに向かって狭くなっていて、少し上がっています。タテに長いグリーンは斜めに配置されていて、手前には深いバンカーがあります。さらには、グリーンの右は崖になっていてOBなのです。この第2打を押し出して崖下に打ち込むことを繰り返していました。

あるとき、我がコーチのラウンドレッスンで、「打ち上げホールでは右を向いて構えやすい」と教えられ、先述したように、打ちっ放し練習場で〝平行感覚〟を養うようになったのです。この練習を続けているうちに、第2打を押し出すことはなくなりました。

雄大な打ち下ろしの6番パー5（569ヤード）も苦手ホールでした。ティーショットを、OBであるフェアウェイ左の林によく打ち込んでいたのです。

しかし、5年ほど前に、「打ち下ろしホールでは、フェアウェイを見下ろしながら構えるので、左を向きやすい」と同伴したハンディキャップ+1の達人から教えられたのです。このとき、先述した、スパットだけを頼りに構えて無心にスウィングする〝スパットゴルフ〟の極意もあわせて教わりました。それからは、このホールでティーショットを引っかけることはなくなりました。

このホールのフェアウェイウッドでの左足下がりからの第2打も難しいのです。どうしてもボールを芯でとらえることができません。そこで、先述したように、打ちっ放し練習場で、踏み台に右足を乗せておいてボールを打つ練習に励みました。数カ月もすると、7Wであればかなりの左足下がりであっても対処できるようになりました。

苦手ホールを敬遠するのはもったいないことです。苦手ホールを克服しようと努力すれば上達の階段を1段上れます。

ゴルフ会員権が身近になった

大手ゴルフ場運営会社は、スケールメリットを生かした地道な企業努力によって、黒字経営を続けているので手持ち資金には余裕があり、コースの改良や整備に資金が投入されています。しかも、競技会や会員懇親会も従来通り開催され、クラブライフは尊重されています。大手ゴルフ場運営会社にとって、従来からの会員は大切な顧客なのですから大事にせざるをえません。

たとえば、北海道から沖縄まで全国に広がる133カ所（2012年8月末現在）のコースを保有するアコーディア・ゴルフは、東証一部上場企業であり、経営の実状を積極的に公開しています。最新の決算報告書によれば、売上高は1044億円、純利益112億円（2012年3月期）、コース延べ入場者数は757万人（前期比11万人増）、平均単価は9666円、全コースの年間1日平均来場者数は144人です。

大手ゴルフ場運営会社が所有するコースの会員であるぼくの友人たちのなかには、コースがビジターで混むようになったとか、年会費が値上げになったとこぼす人がいます。古きよき時代を覚えている人々は、経営の合理化を受け入れにくいのかもしれません。一方では、コースの改良工事が進められたとか、コースの整備がよくなったという声もあります。

大手ゴルフ場運営会社が所有するゴルフクラブに入会する具体的な利点をいくつか挙げてみましょう。

1つは、初期費用が少ないことです。

かつての名門コースでも、会員権価格は手ごろなのです。さらに、名義書換料が割引となる制度があり、会員権の購入費用を名義書換料に充当できるところもあります。

最近、アコーディア・ゴルフは、全国33カ所のコースで、月々1万円前後の会費を払うだけで会員とほぼ同様の権利を得られる制度を始めました。会員権や名義書換料などの初期投資が不要な時代が到来しつつあるのです。

2つは、所属クラブの一時変更が可能なことです。

転勤や転居にともなって、本来のゴルフクラブを休会して、転居先に近いクラブに一時的に所属できるのです。転勤が多い仕事に就いている人にはありがたい制度です。

3つは、高齢者への手厚い優遇制度が充実していることです。

3年以上在籍した60歳以上の会員が会員権を譲渡した際は、新規会員権の名義書換料が半額になるだけでなく、譲渡者も終身会員として引き続き会員料金でプレーできます。

歩くのがつらくなった高齢者にとっては、天気のよい日には乗用カートをフェアウェイに乗り入れられるのも大きな利点です。

4つは、サービス面が充実していることです。

ゴルフ用品の売り場が充実しているだけでなく、所属プロが常駐しています。コースでクラブやゴルフ用品を量販店価格で購入したり、レッスンを受けたり、試打したりできるのです。

5つは、高い還元率のポイントサービスが享受できることです。

コースの利用だけでなく、ゴルフ用品の購入、打ちっ放し練習場の利用などでもポイントを貯めることができます。ゴルフクラブの会員に対しては、ポイントの還元率が高いのです。

名門コースといえども入会者の減少や来場者の減少に悩んでいて、名義書換料を下げたり、年会費を大幅に値上げしたり、経費を節約したりして生き残りを図っています。

近年の会員権価格の下落には歯止めがかかっていません。かつては投資の対象にもなった日本独特の預託金制度は風化の一途をたどっているように見えます。今や、実質本位で考えれば、徹底した合理化によって黒字経営をしている大手ゴルフ場運営会社の傘下にあるゴルフクラブに入会するのが賢明な選択のようです。

“ワンストップ”でゴルフを愉しむ

かつてスコットランドでは、各コースに常駐しているプロがひとりで何役もこなしていました。クラブ製作者であり、グリーンキーパーであり、コース設計者であり、コーチであり、トーナメントプレーヤーでした。

イギリスやアイルランドでは、この伝統が今でも色濃く残っていて、トーナメントを卒業した多くのプロが、ゴルフクラブにおいて「プロショップ」を経営しています。

プロが経営しているからこそ、「プロショップ」と呼ばれるのです。

プロは、クラブハウスの建屋の一角を借りて、予約やプレー代の徴収業務を代行したり、ゴルフ用品を販売したり、レッスンをしたりして生計を立てています。プロショップの主な顧客はクラブの会員たちです。会員たちは、プロのアドバイスを受けながらクラブを購入したり、調整してもらったり、グリップ交換をしてもらったり、レッスンを受けたりします。プロとクラブの会員たちは強い絆で結ばれています。そのため、プロは、親身になって会員たちにクラブ選びの助言をして、惜しみなく上達法を教えてくれます。多くのプロは、何十年も同じゴルフクラブで働いています。なんともうらやましい信頼関係です。

日本では、コース、打ちっ放し練習場、クラブ販売店、ゴルフ工房がタテ割りになっています。ゴルファーはそれぞれ別の場所に出かける必要があります。ゴルファーにとっては、なんとも手間暇がかかる仕組みです。

一方で、トーナメントを卒業した多くのプロたちが活躍する場所が十分に確保されているとは言えない現状です。男子プロは5100余名、女子プロは900余名もいるのに、トーナメントで活躍しているのは一握りです。

イギリスやアイルランドのように、ホームコースに本物のプロショップがあって、様々なゴルフサービスを1カ所で得られる仕組み（ワンストップサービス）が日本でも実現できないかと前々から思っていました。

最近、山の原ゴルフクラブ（兵庫県）でプレーする機会がありました。広い玄関ホールがゴルフ用品売り場になっていて、品揃えが充実しているうえに価格は量販店並みです。弾道計測器を備えた広い試打室もあり、各社の試打クラブがそろっています。試打室で打ってみて気に入ったクラブを、打球練習場やコースに持ち出すこともできるのです。弾道計測をしたうえで、即、コースで試打できれば、データと自分の感覚をもとにして、納得のいくクラブ選びができます。

また、常駐している所属プロから、打ちっ放し練習場でのレッスンやコースレッスンを受けたり、クラブ選びの助言をもらったりできるうえに、ゴルフ工房で、クラブの試打やグリップ交換などもしてもらえます。山の原ゴルフクラブでは、まさに、所属コースを「ゴルフ基地」にできるのです。多忙な現代人にうってつけのゴルフクラブです。

第2章

臨界点を超えよう

9番
ホール

スウィングの原義を知ればひと皮むける

スウィングとはブランコを漕ぐこと

「スウィング」という言葉は、日常的に使われ、ゴルフ雑誌やレッスン書にも頻出します。ところが、不思議なことに、「スウィング」の本来の意味が語られることはあまりありません。このことが一般アマチュアゴルファーの上達を阻んでいる、と言えば奇異に聞こえるでしょうか。英語の「Swing」の原義を理解すれば上級者への道が開けるのです。

スウィングの原義は、ブランコや振り子のように、「規則的に揺れる」ことです。スウィングには、「ブランコ」や「ブランコに乗る」という意味もあります。

ゴルフボールを打つ動作がスウィングと呼ばれるのは、両腕とクラブが、背骨を軸にしてブランコのように揺れるからなのです。

ドライバーを握って、右に左にと、ブランコに乗っている意識でゆったりと素振りを続ければ、「スウィングとは前後に揺れること」だとわかるはずです。素振りではボールを打つことを意識しないので、スウィングはブランコの動きだと理解しやすいのです。

両腕とクラブがブランコのように揺れるときに、たまたま軌道上に置いてあるボールに、先端のヘッドが衝突するのだと思えば、スウィングをするときのイメージが一変するのではないでしょうか。決して腕力でクラブを振ってボールを叩くイメージは湧かないはずです。

ブランコを漕ぐようにスウィングするための3つのコツ

ブランコを漕ぐようにスウィングすればよいとわかれば飛躍できます。「リズム」と「タイミング」を磨く練習をするようになり、スウィングが安定するのです。

ブランコを漕ぐようにスウィングするためのコツは3つあります。

1つは、リズムを刻むことです。

リズム（Rhythm）とは、「強弱、緩急、長短、明暗などの規則的交代」のことであり、詩や音楽、建築や絵画でも使われる言葉です。心臓の鼓動のように「規則的な反復」もリズムと呼ばれます。

リズムを考えるときに重要なのは、反復が短い「休止」を伴うことです。心臓の鼓動では1拍ごとに短い休止があり、ブランコでも、座板が頂点に達して、一瞬休止してから、次の動きを始めます。休止を挟んでこそのリズムなのです。

2つは、切り返しにおいて、両腕と下半身の動きを同調させることです。

ブランコでは、座板が頂点に達して静止し、再び動き始めようとする瞬間に合わせて座板に体重をかけると、滑らかに加速することができます。体重をかけるタイミングがわずかに遅れても早くても、加速できないばかりか動き自体が乱れます。

ブランコと同様に、スウィングにおいても、切り返しのタイミングは大変重要です。バックスウィングで振り上げられた両腕とクラブは、トップで一瞬静止します。ここから両腕とクラブが再び動き出す瞬間が、スウィングの肝なのです。

振り上げている両腕と握っているクラブを真下に「落とす」のです。両腕とクラブが自然落下する瞬間に合わせて、すかさず腰を切ると、両腕とクラブを滑らかに加速することができます。

腰を切る動作が速すぎても遅すぎても、クラブを滑らかに加速することはできません。絶妙のタイミングを身につける不断の練習が欠かせません。

切り返しで、両腕の落下と腰を切る動作が同期すれば、インパクトからフィニッシュまで一気《いっき》呵《か》成《せい》です。スカッと振り切って、ボールを真っすぐ遠くへ飛ばすことができます。

3つは、両腕の位置エネルギーを存分に使うことです。

ブランコでは、カラダが落下する位置エネルギーを利用します。スウィングでは、両腕が落下する運動エネルギーを利用します。8～10キロもある両腕の落下する運動エネルギーは思いのほか大きいのです。伸ばした両腕を目の前に上げ、肩の力を抜いて真下に落としてみてください。両手が太ももを叩く衝撃の大きさにびっくりされることでしょう。

両腕の位置エネルギーを効率よく使うことが、ヘッドスピードを上げるためにも、スウィングを安定させるためにも肝心です。そのためには、両腕を自然落下させる必要があります。振り上げている両腕に力が入っていると、自然落下を妨げるので、両腕の位置エネルギーを十分に活用できません。

両腕に余計な力を入れないでバックスウィングをするのです。トップをとってから一瞬の「間」をとり、肩の力を抜けば、振り上げられていた両腕とクラブは、自然落下を始めます。「両腕の余計な力を抜け」という教えの意味はここにあります。

振り上げた両腕を自然落下させると、もうひとつよいことがあります。両手が真下に落ちるので、ヘッドがいわゆる「インサイドイン」の正しい軌道を通るのです。

力任せにボールをひっぱたくのではなく、力まずにブランコを漕ぐようにスウィングをするのです。両腕が自然落下するのを感じながら、ゆったりとスウィングすれば、びっくりするぐらいヘッドが走って、自然に振り切ることができます。

常日頃からカラダにリズムを染み込ませる

ブランコのリズムを覚えるのは比較的簡単です。重力で動いているブランコに備わっている固有のリズムを感じとるだけでよいからです。しかし、スウィングにおいては、数多くの筋肉を使ってリズムを刻みます。いつも規則正しくリズムを刻むのは簡単ではありません。一部の筋肉が言うことを聞かないだけでもリズムは乱れます。

そこで、常日頃からリズムを身につける練習や訓練が欠かせないのです。素振りをするときも、ボールを打つときも、口のなかで「イーチ、ニィー」と言いながらリズムを刻みます。「イーチ」と言いながらバックスウィングをして、トップで一瞬の「間」をとってから、「ニィー」と言いながらダウンスウィングをします。

トップから切り返すまでの「間」の長さには、個人差があります。間が長くても短くても問題はありません。気持ちよく切り返すことができる間を自分で探すのです。大事なのは、どんなときにも、自分にとって気持ちがよい間がとれることです。

リズムには、「強弱（もしくは緩急）の規則的交代」があります。注意が必要なのは、スウィングにおいては、「弱→強」、もしくは「緩→急」への交代であり、「強→弱」や「急→緩」への交代ではないことです。

テイクバックからトップまでが「弱」、もしくは「緩」であり、ダウンスウィングからフィニッシュまでが「強」、もしくは「急」です。ドライバーを握って、右へ左へと素振りを繰り返して、「弱↓強」、もしくは「緩↓急」の規則的交代を実感するのです。

この「弱↓強」、もしくは「緩↓急」のリズムを、18ホールの長丁場《ながちょうば》をとおして維持するのは難しいのです。バックスウィングで力んでしまえば、ダウンスウィングで力が抜けてしまって、「強↓弱」か「急↓緩」になってしまいます。

また、スウィングの始めから終わりまで力んでいれば、「強↓強」か「急↓急」になります。こうなると、ヘッドスピードが落ちるうえに様々なミスショットが出ます。また、打ち急いでしまって、切り返しで間をとることができなければ、〝不整脈〟が生じます。

リズム感を身につける訓練を続けていれば、小脳のなかに一種のペースメーカーの役割を果たす神経回路ができあがります。そうなると、無意識のうちにリズムを刻みながらスウィングができるようになり、スウィングが安定します。

足底でリズムを刻む

歩行でもスウィングでも、足底で踏み圧の変化を感じるようにすれば、安定してリズムを刻むことができます。

たとえば、左の図でわかるように、歩行においては、踏み圧はカカトの着地から急増して、足底が接地したときに頂点に達し、そこから急減して、つま先で地面を蹴った瞬間に0になります。足底で踏み圧の変化を感じることによって、はっきりとしたリズムを刻むことができます。

先述した股関節歩行では、カカトから着地するので、踏み圧の変化を感じやすいのです。リズムを刻むためにも股関節歩行がお勧めです。

足底で踏み圧の変化を感じとりながら股関節歩行をすれば、股関節を動かす筋肉が鍛えられるだけでなく、スウィングに欠かせないリズム感を養うことができます。足底で踏み圧の変化を感じながら、街中やコースを歩くのです。小さな声で「イーチ」で右足カカトを着地させ、踏み込んでいきます。右足で地面を蹴ってから一瞬の間をとって、「ニィー」で左足カカトを着地させ、踏み込んでいきます。一瞬の間をとるのが大事です。繰り返しますが、間をとってこそのリズムなのです。

また、腕を振り子のように振りながら歩けば、リズムをはっきりと意識することができます。カバンを持っているときであれば、片手を振るだけで十分です。こぶしをつくるか、携帯電話を握っておいて、歩調に合わせて肩で腕を振るのです。

●リズムは足底で刻む

●心電図

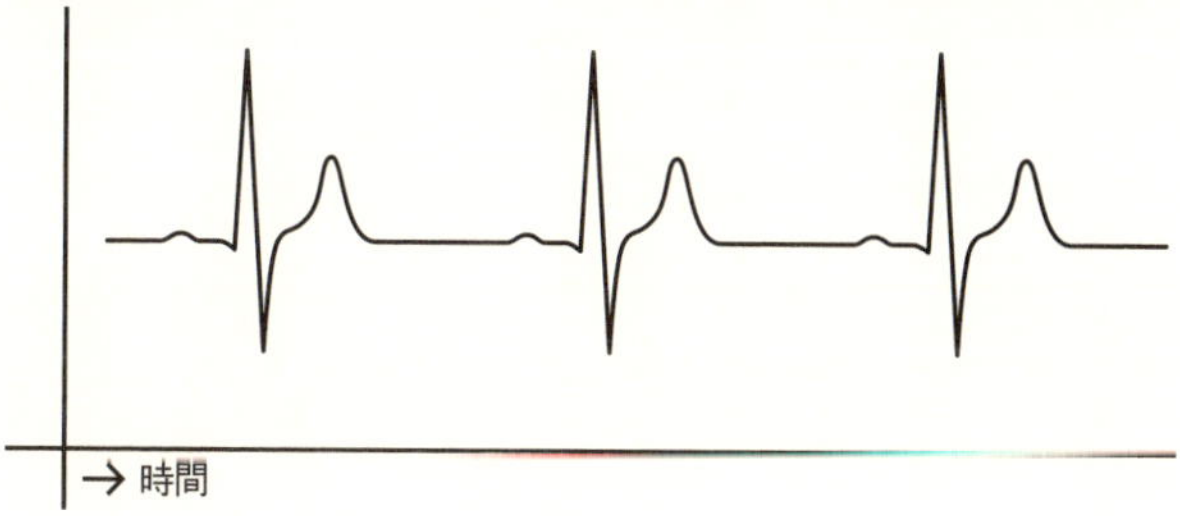

●歩行時の踏み圧

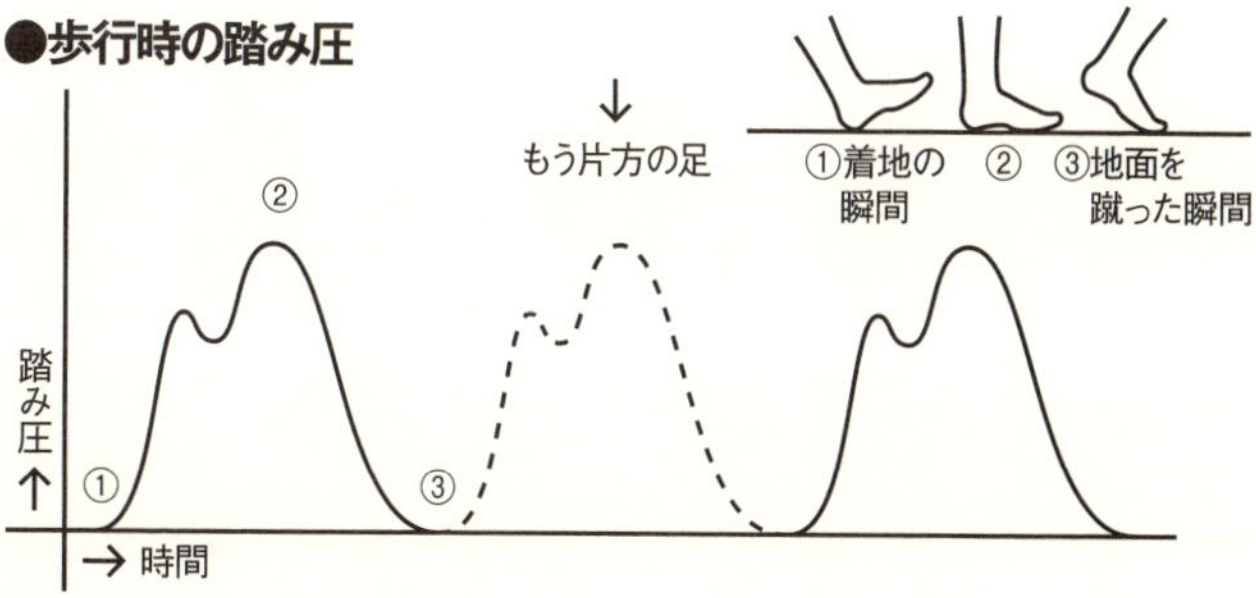

●連続素振りでの踏み圧

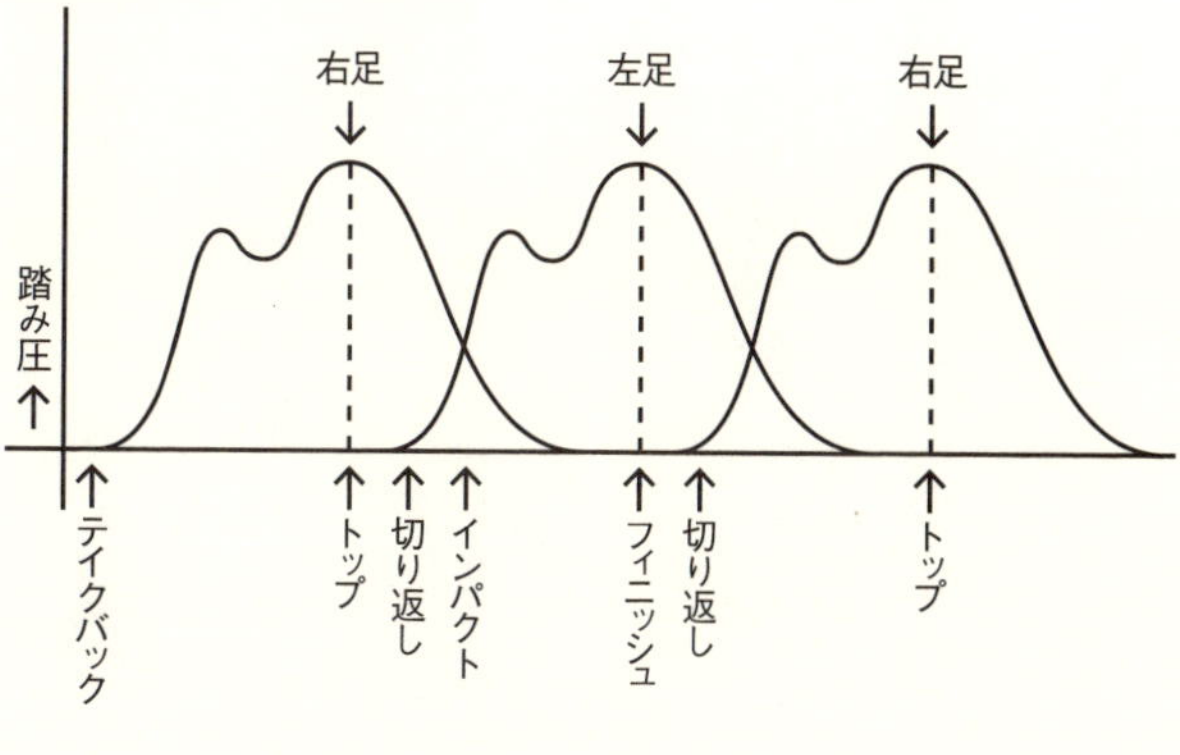

最初のうちは、歩きながらリズムをとるのは難しいかもしれません。それでもしばらく続けていると、リズムをとるコツがわかってきます。リズムを刻みながら快調に歩けるようになれば、歩くことが愉しくなります。ダンスをしているような躍動感を覚えるからです。リズムをとりながらどこまでも歩いていきたいと思うようになればしめたものです。

股関節歩行では、カカトから踏み込んでいって、つま先で地面を蹴ります。足をタテ方向に使っています。また、片足ずつ交互に着地させます。一方、スウィングでは、足をヨコ方向に使います。バックスウィングで右足に踏み込んでいってトップに至り、そこから一瞬の間をとって、今度は左足に踏み込んでいき、インパクトとともに左足に全体重を乗せます。

歩行とスウィングでは、足を使う方向と踏み込んでいくタイミングが異なります。それでも、「体重移動による踏み圧の変化を足底で感じとりながらリズムを刻む」という意味で、歩行とスウィングには大いに共通するものがあります。股関節歩行でリズムを刻んでいれば、スウィングでもリズムを刻めるようになります。リズムを意識して股関節歩行をしていれば、「歩くようにスウィングすればよい」とわかってきます。

スウィングのリズム感を磨く効果抜群の練習があります。ドライバーを握って、右へ左へと、まさにブランコのように、連続素振りをするのです。「イーチ」で、バックスウィングをしてトップに至り、一瞬の休止を入れて、「ニィー」でダウンスウィングをして、フィニッシュまで振り切るのです。そこから、一瞬の休止を入れて、「イーチ」で切り返してバックスウィングをして、再びトップに至るのです。

こうして、「加速→減速→休止→加速→減速→休止」のリズムを刻みながら素振りを繰り返します。自宅の庭や打ちっ放し練習場で実践すれば大いに効果があります。

コースに行ったときにも、ウォーミングアップとして行えば、打球練習をする必要もないくらいです。

ラウンド中に引っかけるのは、多くの場合、リズム感が悪くなるからです。こんなときは、リズムを意識しながら2～3回、軽く連続素振りをすれば、リズム感がよみがえります。

ブランコのように連続素振りをしていると、間がとりやすいことがわかります。これは、フィニッシュから振り戻すと、バックスウィングに勢いがつくからです。一旦加速してから減速すれば、トップで間をとりやすいのです。まさに、ブランコが頂点に達するときと同じです。

一方、静止状態から動き始める通常のスウィングでは間がとりにくいのです。ブランコで静止状態から始動するのが難しいのと同じです。「止まっているトンボが逃げないくらいゆっくりテイクバックせよ」という教えがあります。しかし、間をとる観点からは、あまりゆっくりとしたバックスウィングはお勧めできません。たとえわずかでも加速してから減速しないと、間をとりにくいのです。

リズムを刻んで歩けばプレーが安定する

コースにおいてリズムを意識しながら歩けばプレーが安定します。歩くリズムがスウィングのリズムに大いに影響するからです。

乗用カートに乗ってティーグラウンドまで移動して、いきなりドライバーを握ってスウィングをすれば、リズムを刻むのが難しいはずです。ティーグラウンドや次打地点の少し手前で乗用カートから降りて、リズムを意識しながら股関節歩行をするのです。少し歩いてリズム感を取り戻しておいてから次打を打てば、打ち急いでミスショットをすることはありません。

コースでリズムを刻みながら歩くことが大事だと気づかせてくれたのは馬場ゆかりプロです。2012年2月、ザ・サザンリンクスGC（沖縄）で開催された「アコーディア・ゴルフ プロアマチャリティトーナメント」で、馬場プロと同じ組で回りました。

馬場プロの持ち味は、身長149センチの上背からは想像もつかない飛距離にあります。

ドライバーでのティーショットでは30～40ヤードほど置いていかれます。

体幹がなんとも滑らかに腰の上で回ります。ボールは目標に向かって真っすぐ高く飛翔し、曲がる気配は一切ありません。

次打地点に向かってフェアウェイを歩き始めた馬場プロの後ろ姿を、それとなく見てみると、なんとも見事なリズム感で歩いてます。一目で一流アスリートだとわかる股関節歩行をしているのに目を見張りました。一歩一歩、大地を踏みしめながら歩いているのが見てとれます。このとき、「歩きながらスウィングのリズムをつくっているのではないか！」とピンと来たのです。スウィングのリズムは下半身でつくりだすのだとわかった瞬間でした。

馬場プロによれば、ゴルフではリズムが大変重要で、調子が悪いときは、切り返しのタイミングが早くなっているのだそうで、リズムを刻みながら歩くことによって、タイミングが早くなるのを防いでいるのです。

一緒にラウンドしているうちに、馬場プロの持ち味は、飛距離もさることながら安定性にあるとわかってきました。馬場プロは、２００２年にプロに転向し、２００４年以降は一貫して賞金ランキング20位台を保っています。昨年、名古屋ＧＣ・和合コースで開催された日本女子オープンゴルフ選手権競技の最終日には、単独首位でスタートして、前半5

つスコアを落としたものの、後半1ボギーの粘りのプレーにより76で回り、通算12オーバーで優勝を果たしたのが大きな話題になりました。難しいコース設営に加えて強風が吹くという悪条件を克服する原動力になったのは、リズムを刻む股関節歩行ではなかったかと推測しています。

10番
ホール

手首の「タテ動作」を身につける

手首は3通りに動く

人体には、足関節、ヒザ関節、股関節、肩関節、ヒジ関節、手関節（手首）など、多くの関節があります。これらの関節を約400の骨格筋で動かして、人体は自由自在な動きをします。

スウィングにおいては、なんといっても股関節と手関節が重要です。

スウィングでは、お尻や太ももの大きな筋肉を使って股関節を動かし、骨盤を回転（水平回旋）させます。骨盤の回転が、肩と腕と手を経由してクラブに伝わり、ヘッドを高速で動かすのです。股関節が滑らかに動かなければ、ヘッドスピードを出すことはできません。

一方、手首は、クラブの軌道とフェースの開閉に大きな影響を与え、弾道を左右します。ところが、手首は自由度の高い器用な関節です。自由自在に動く手首を、スウィングの速い動きのなかで、どうやって制御すればいいのか。この問いに、ゴルフ上達の重要なカギが隠されています。まずは、スウィングにおいて手首が果たしている大事な役割を理解することが必要です。

手首は、様々な形をした「手根骨」と呼ばれる、小さな8個の骨の集合体からできています。8個の骨が転がったり滑ったりすることによって、手首は自在に動くのです。

垂直にした手首を上下に曲げるのは、「橈屈《とうくつ》—尺屈《しゃっくつ》動作」と呼ばれます。親指側に曲げるのは「橈屈」、小指側に曲げるのは「尺屈」です。参考可動域は、橈屈が25度、尺屈が55度です。本書では、この手首の動きを「タテ動作」と呼びます。

「タテ動作」とは、金槌で釘を打つときの手首の動きです。スウィングにおいて、手首は「タテ動作」をする必要があります。コックとは手首の「タテ動作」のことです。

また、垂直にした手首を左右に曲げるのは、「背屈《はいくつ》—掌屈《しょうくつ》動作」と呼ばれます。手首を甲側に曲げるのは「背屈」、掌側に曲げるのは「掌屈」です。参考可動域は、背屈が70度、掌屈が90度です。本書では、この動きを「ヨコ動作」と呼びます。

スウィングにおいては、「ヨコ動作」は望ましくない動きです。ところが、自分の手首を動かしてみるとわかるように、手首は「タテ動作」よりも「ヨコ動作」をしやすいのです。手首が「ヨコ動作」をしないようにするのが、スウィングの第1の課題です。

●手首の3通りの動き

手首の「タテ動作」

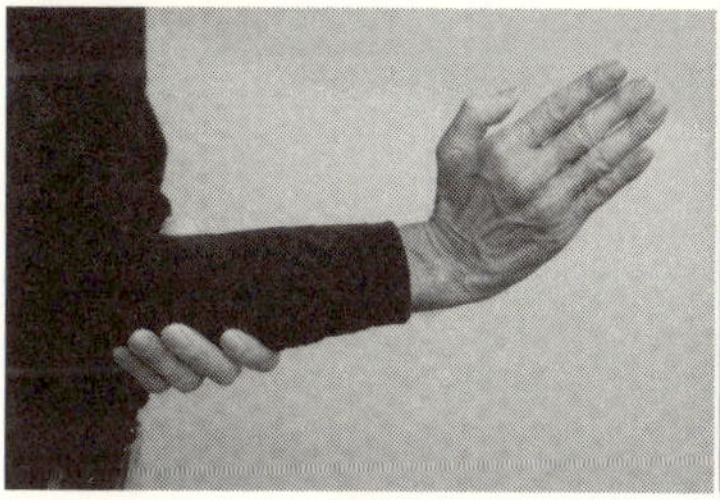

橈屈

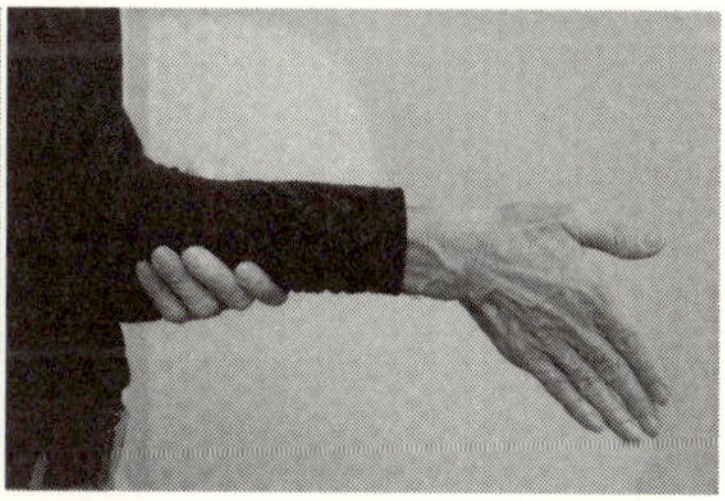

尺屈

手首の「ヨコ動作」

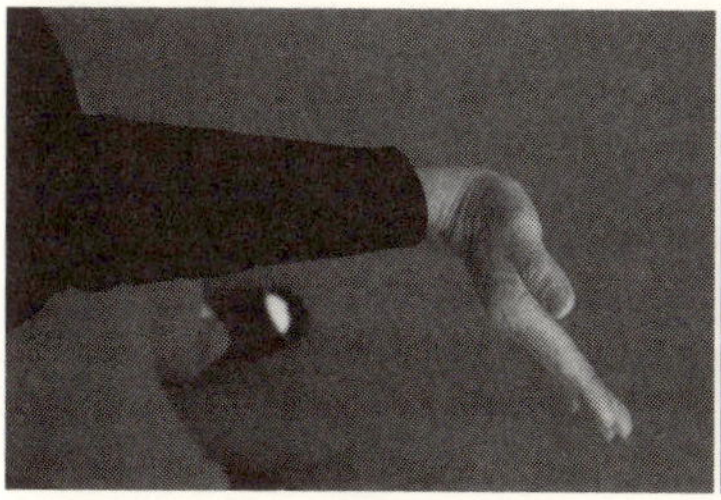

背屈

掌屈

前腕の「回旋」（回内ー回外動作）

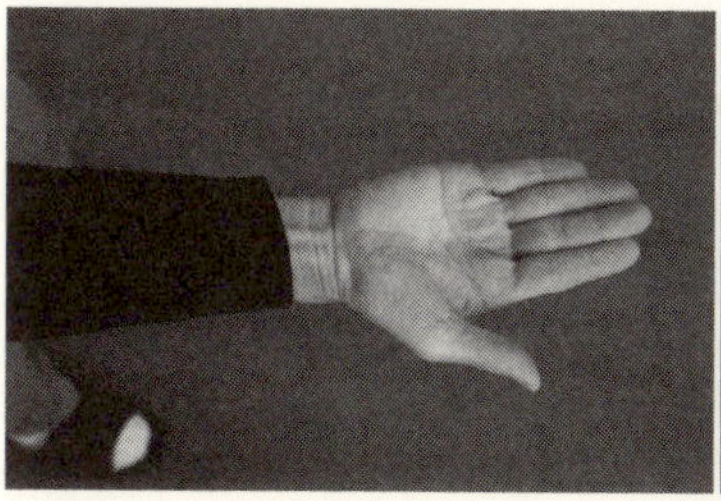

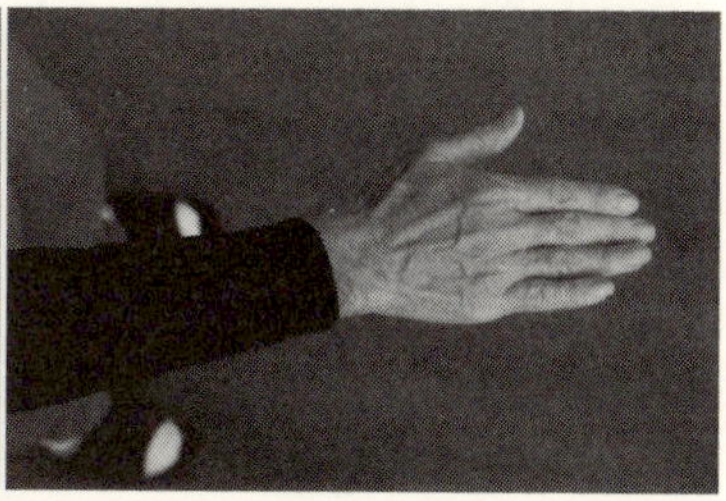

さらに、前腕の橈骨が尺骨に対して回旋することによって、手首は回転します。この動きは、「回内―回外動作」と呼ばれ、参考可動域は回内、回外ともに90度です。手首は、フェースの開閉に応じて、わずかに「回内―回外動作」をします。しかし、意識して「回内―回外動作」をすると、手首をひねって引っかけてしまいがちになります。

以上のとおり、手首は3通りの動きをします。スウィングをしているとき、ゴルファーは無意識のうちに、これらの3通りの手首の動きを制御しています。

これらの手首の3通りの動きのうち、スウィングでは、「タテ動作」だけをさせる必要があります。手首が「ヨコ動作」をしたり回転したりすると、ボールは曲がります。

手首に「タテ動作」を染み込ませる

コック（Cock）の原義は雄鶏《おんどり》です。雄鶏は首を「ヒョイ、ヒョイ」とタテに動かします。この雄鶏の首の動きが転じて、コックはタテに動くモノや動作を意味します。コックには「撃鉄を起こす」という意味もあります。撃鉄もタテに動くからです。スウィングにおける手首の動きがコックと呼ばれるのも、タテに動くからです。

クラブを握ってスタンスをとり、手首をタテに曲げながらクラブを上げていって、剣道の上段の構えをとります。その状態から、腰と体幹を右方向へ限界まで回します。それが正しいトップの姿勢です。剣道の下段の構えから、中段、そして上段の構えに至るときの手首の動きが、まさにコックなのです。

スウィングでは、手首と腕をタテに動かしながら、体幹をヨコに回転させています。自分では手首を斜めに上げているように感じます。しかし実際には、手首のタテの動きと体幹のヨコの動きが合成されて、斜めの動きだと感じるのです。

腰と体幹を回転させることによって、ヘッドはヨコに動きます。このヘッドのヨコの動きが、ボールを遠くに飛ばします。さらに、コックによるヘッドのタテの動きが、ボールを高く上げるのです。

手のひらの小指側のふっくらした端部は、「小指球」と呼ばれます。スウィングでは、左手の小指球が重要な役割を果たします。左手の小指球を使って、手首に「タテ動作」をさせるのです。

次ページの写真のとおり、左手の曲げた人差し指の先端を支点にして、小指球でグリップ端部を押さえて、クラブを保持します。この状態から、小指球を押し下げると、人差し指の先端が支点になってヘッドが上昇します。これがコックであり、手首の「タテ動作」なのです。

手首の「タテ動作」を覚える効果的な練習があります。打ちっ放し練習場において、剣道の下段の構えから、小指球を押し下げながら、ヘッドを真っすぐ上げていって、上段の構えをとります。そこから、コックを保ったまま両手を自然落下させると、「タメ」ができます。そこから一気にコックを解いて（リリース）、ヘッドを走らせてマットを叩きます。あまり強く叩くと手首を痛めやすいので、ほどほどの強さで叩きます。

マットを叩いた反動を利用して、小指球を押し下げながら、ヘッドをもう一度タテに上げていきます。これが「リコック」です。このタテにマットを叩く動作を何度も繰り返して、コックが手首の「タテ動作」であることをカラダに言い聞かせるのです。

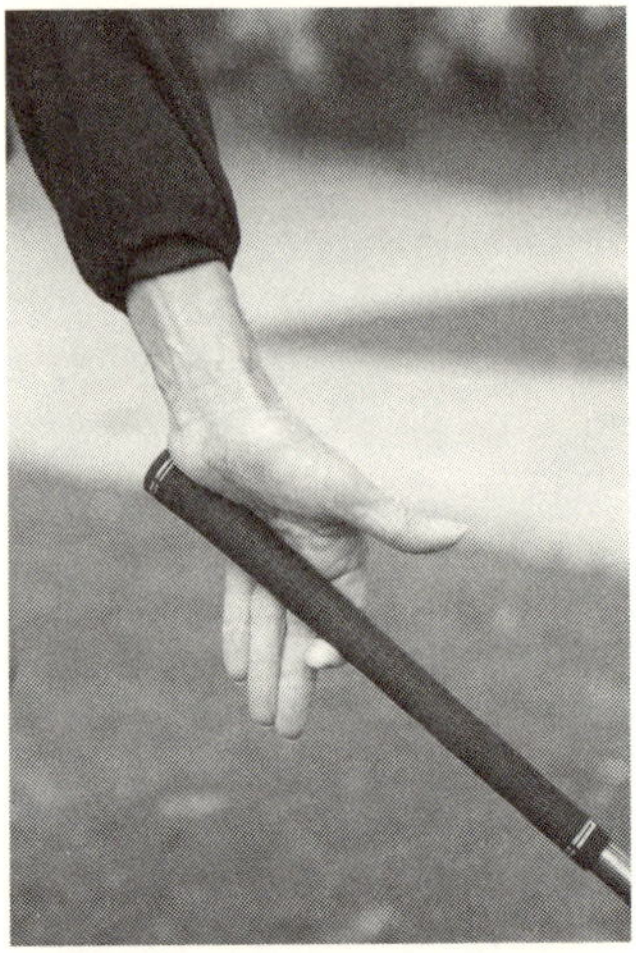

小指球と曲げた人差し指の
2点でクラブを保持

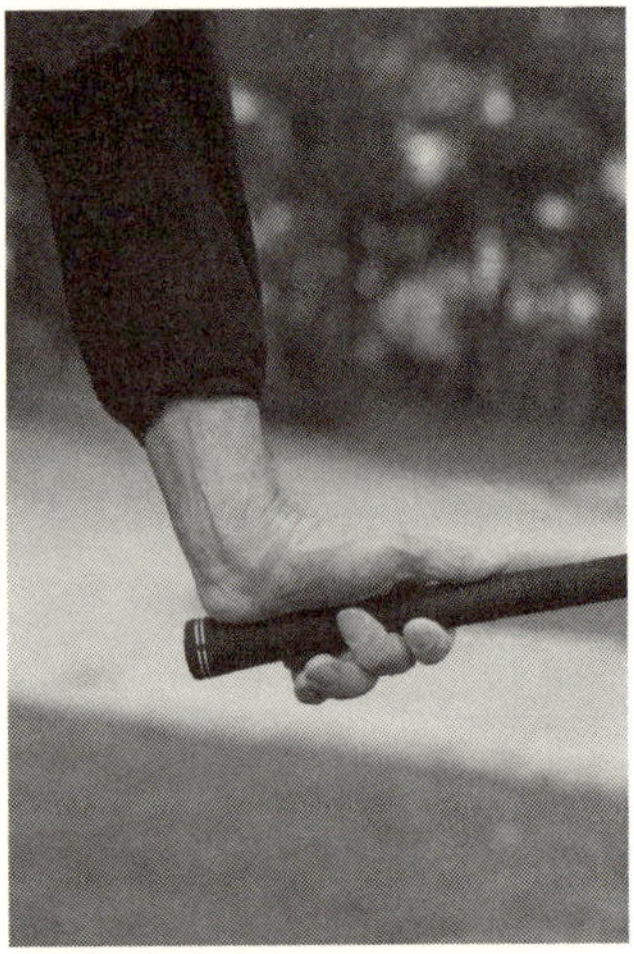

小指球でクラブ端部を押し下げるとヘッドが上昇

手首の「タテ動作」に体幹の回転を加える

スウィングの難しさの根源は、手首と腕のタテの動きと、カラダをヨコに回す動きを合成するところにあります。手首と腕をタテに動かしながら、同時に体幹をヨコに回すのはなんとも難しいのです。

しかも、タテとヨコの動きのタイミングを合わせる必要があります。タテとヨコの動きのタイミングがぴったり合わなければ、ボールを芯で打つことができません。体幹がヨコに回転する動きに対して、ヘッドが落ちるのが早すぎるとダフり、遅すぎるとトップします。

切り返しからインパクトまでに要する時間は、0・2秒にすぎません。一瞬の間に、ヨコとタテの動きのタイミングをぴったり合わせる離れわざが必要なのです。

タテとヨコの動きのタイミングを合わせるコツを会得するには、アプローチ練習が最適です。まず、先述した「コック→リリース→リコック」の練習を繰り返します。ウェッジを握って、剣道の下段の構えからクラブを上げていって上段の構えをとり、一呼吸置いて真っすぐ打ち下ろし、マットを叩き、その反動でリコックをして、ヘッドを真っすぐ上げていきます。

そのあとで、腰と体幹を回す動きを入れます。このとき、マットをしっかり叩くようにします。マットを叩こうとすれば、手首が「タテ動作」をします。マットを叩きながら、体幹を回す動きを入れると、不思議にヘッドはスカッと抜けていき、ボールが勢いよく高く飛び出します。マットを叩いた反動でヘッドが上がっていき、ボールに高さと勢いを与えるのです。

最初のうちは、タテとヨコの動きのタイミングが合わないかもしれません。それでも、しだいにタイミングが合うようになっていきます。思い切ってマットを叩くのが大事だとわかってきます。

クラブが長くなるほど、タテとヨコの動きのタイミングを合わせるのが難しくなります。切り返しからインパクトまでの軌道が長くなるからです。いきなり長いクラブでタテとヨコのタイミングを練習するのは難しいのです。最初は短いクラブで十分に練習し、タテとヨコの動きのタイミングを合わせる感覚をつかんでから、少しずつ長いクラブに移行しましょう。

左手がエンジンで右手が舵

スウィングにおいては、右手と左手で押し合ってクラブを保持して、手首が左右に折れないようにしています。右手で押す力が強すぎると、左手の甲側へ手首が折れて、フェースが閉じます。よく言われている「右手を使うな」という教えは、このことを指しているのです。

一方、右手で押す力が弱いと、右手の甲側へ手首が折れて、フェースが開きます。すなわち、右手が強すぎても弱すぎても、手首の「ヨコ動作」が出現するのです。ダウンスウィングにおいては、右手と左手の押す力を均衡させて、手首に「ヨコ動作」をさせないことが肝心です。

「フェースを返せ」とか、「スナップを使え」という教えがあります。積極的に前腕の回旋（回内─回外動作）をさせる教えです。上手く打てると飛距離は出るかもしれませんが、一歩誤ると大きく引っかけてしまいます。積極的に手首や腕を使ってボールを真っすぐ飛ばすのは、大変難しいことです。練習量の少ない一般アマチュアが、前腕の回旋、すなわち手首を回す動作を積極的に使うのはお勧めしません。大怪我のもとです。

先述したように、両腕とクラブが自然落下するのに合わせて切り返せば、効率よくヘッドを加速できます。両腕が自然落下する速さを無視して、クラブに大きな力を加えると、「ヨコ動作」が出現してヘッドの動きが乱れます。

9番アイアンを握って、パットをするときのように、手首を固めて左右に連続して腕を振ってみてください。手首を固めているので、「ヨコ動作」は出ません。グリップ端部は、常に自分のへそを向いています。しかし、手首を固めるとコックができないのでスウィングが小さくなって、「タメ」も使えず、飛距離が出ません。

手首をゆるめておいて、しかも速い動きのなかで、右手と左手で押し合って、クラブの姿勢を保つのです。このように書くと難しそうに聞こえるかもしれませんが、右手の力加減を覚える練習をするだけでよいのです。

打ちっ放し練習場で1球打つごとに、右手と左手の押し合う強さが均衡しているかどうか確認します。どうしても強くなりがちな、右手の力加減に注意を払うのです。すると、「右手が強かったのでフックしたな」とか、「右手が弱かったのでスライスしたな」というように、弾道を感じることができます。弾道を見る必要もないのです。弾道の因果関係がわかればスウィングを調整できます。1球ごとに弾道を感じるようにしていると、弾道が安定してきます。

「右手がエンジンで左手が舵」という説があります。しかし、ぼくは、「左手がエンジンで、右手は舵」だと思っています。

これは、先述したザ・サザンリンクスでのラウンドで、馬場ゆかりプロから教えられたことです。両腕の位置エネルギーを受け止め、かつ、カラダの中心から生まれる回転力も受け止めるのは、左手の役割なのです。左手で力強くスウィングすれば飛距離が出ます。

右手の役割は、クラブを制御することです。ゴルファーは、左手を支点に、右手を力点にして、クラブの動きを制御しているのです。右手が強すぎれば引っかけて、弱すぎれば押し出してしまいます。ボールの方向を左右するのは、右手なのです。

ぼくが、ザ・サザンリンクスの5番パー4で、ティーショットを引っかけて左の林に打ち込んだとき、馬場プロから、「左手70、右手30の力加減でスウィングするように」との助言がありました。「右手30」のつもりでようやく両手の均衡がとれると言うのです。利き腕である右手の動きはどうしても強くなるのです。

さらには、「左手のグリップがゆるむと右手を強く使ってしまう」とも教えられました。左手の小指と薬指と中指で、しっかりグリップする必要があるのです。

馬場プロの教えは値千金！　この日から、ぼくの引っかけは姿を消したのです。左手でしっかり振れば、不思議に真っすぐ遠くへ飛ばせます。

11番
ホール

運動連鎖で気持ちよく飛ばす

カラダをムチのように使う

カラダの中心部で生み出した大きな運動エネルギーを、関節を通じて末端に伝えると、末端を速く動かすことができます。これは「運動連鎖（Kinetic Chain）の法則」と呼ばれます。

ブルース・リーが映画で使った「ヌンチャク」は、運動連鎖を利用した武器です。また、ぼくが子供のころに農家の庭でよく見かけた、「叩き棒」とか「唐竿《からさお》」と呼ばれる打穀農具も運動連鎖を利用しています。つながれた2本の棒の片方を持って振り下ろすと、もう一方が速く動いて、筵《むしろ》の上に広げた収穫物を叩くのです。

運動連鎖は「ムチ作用」と呼ばれることもあります。肩を使ってムチの太い手元を強く振ると、細い末端が大きく動いて「ビシッ！」という大きな音を立てます。ムチは無数の関節でつながった運動体なのです。

車の追突などによる頸椎《けいつい》の損傷を「ムチ打ち症」と呼ぶのは、「ムチ作用」が原因だからです。多くの人が首を軽く前に曲げて運転しています。この姿勢で追突されると、座席ごと体幹が前に押し出され、頭部は慣性で元の位置に残ります。体幹の激しい動きで末端の頭を大きく振ってしまって、頸椎を損傷するのです。

多くのスポーツでこの運動連鎖が使われています。

たとえば、野球の投球では、全身を使った大きな運動エネルギーを、手首を通じてボールに伝えます。小手先では快速球や剛速球を投げることはできません。

「運動連鎖の法則」を使うための条件は4つあります。

1つは、質量が末端に向かって段階的に小さくなっていることです。

スウィングで言えば、「下半身→体幹→腕→クラブ」というように、しだいに質量が小さくなっていきます。

2つは、運動の順番が、質量の大きいほうから小さいほうへ向かっていることです。

「下半身→体幹→腕→クラブ」という順番で動かす必要があります。ダウンスウィングの始動は下半身からです。下半身をしっかり動かすことが、運動連鎖のカギなのです。

ところが、頭ではわかっていても、下半身から始動するのは難しいのです。日常生活では、なにをするにも手から動いているからです。長い時間をかけて身につけた習性から脱するのは容易ではありません。

ヘッドを走らせようとするのは問題です。皮肉にも、ヘッドを走らせようとすればするほど、走らないのです。末端を速く動かそうとすると、先述したコックを解きながら切り返す「打ちにいく」とか「キャストする」と言われる最悪の動きが出ます。腰や体幹を動かす前に、手を動かしてしまうのです。動かす順番が狂えば、運動連鎖は台無しです。

「打ちにいく」のは、「タメ」だけでなく、運動連鎖も使えなくなる最悪の動作です。

飛ばそうとして強振すると、やはりカラダを動かす順番が狂いがちになります。よく言われる「80%の力で振れ」という教えは、運動連鎖を使うための戒めでもあるのです。

3つは、カラダの部位の動きにズレがあることです。

わずかな時間差で、「下半身→体幹→腕→クラブ」という順番で動かす必要があります。インパクトの時点では、先行した下半身は目標方向を向いているのです。

4つは、運動エネルギーが効率的に伝達されることです。

そのためには、カラダの部位をつないでいる関節が滑らかに動く必要があります。股関節や肩、肩甲骨、手首などが滑らかに動くことが肝要なのです。主要な関節の可動域を広げるストレッチが欠かせません。

カラダが緊張すると、関節を動かす筋肉が硬くなってしまいます。これでは、いくらストレッチに励んでいても、いざというときに関節が滑らかに動きません。ラウンド中には、カラダの緊張を解いてリラックスすることが大切です。自分の出番を待っているときに、カラダをゆすったり、肩を上下させたりしてカラダの緊張を解きます。

骨盤を50度回せますか

ヘッドスピードの原動力は、骨盤の回転です。骨盤を効率よく回すためには、股関節の構造を理解する必要があります。

股関節は球関節であり、寛骨臼が大腿骨頭を深く収納しているので、大腿骨頭は容易には脱臼しない仕組みになっています。それゆえ、上半身の体重を受けとめても安定して動きます。

股関節の「股」の字から連想して、骨盤の真下に大腿骨がはまっていると思っている人が多いと思います。ところが、股関節は腰の横についているのです。大腿骨のネックが骨盤の横についているために、骨盤を効率よく回転させることができるのです。

股関節は、英語で「Hip Joint」と呼ばれます。お尻（Hip）に位置しているからです。

股関節は、多くの人が思っているより高い位置にあるのです。

歩きながら、指先で腰のベルトの7～8センチほど下を触ってみてください。股関節が

●骨盤を50度回せますか

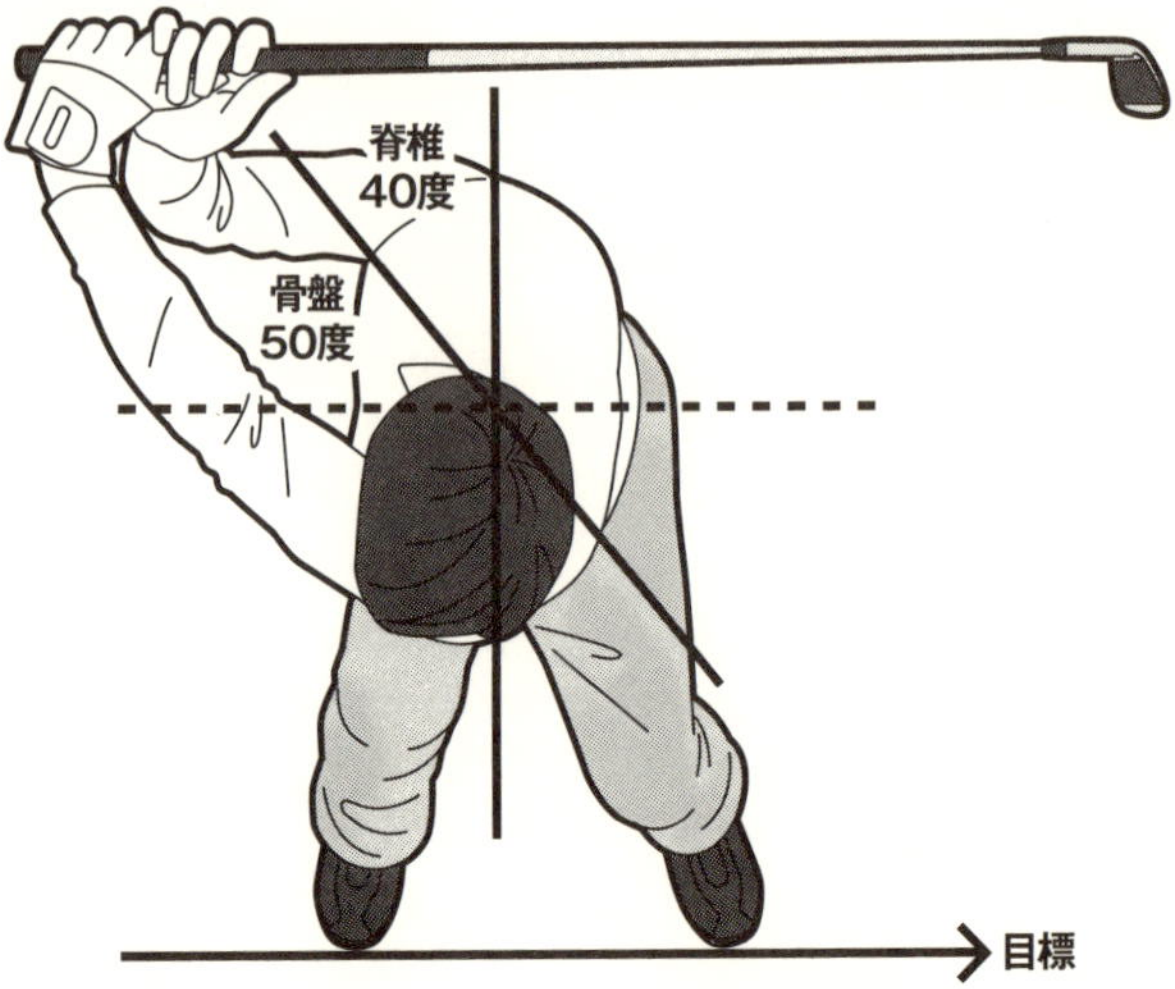

骨盤が50度回ってはじめて肩は90度回る

動いているのを感じます。大腿骨の最上部はネックと呼ばれ、大腿骨に対して120～130度の可動域を持っています。

骨盤が回転するのは、股関節が回旋するからです。右大腿骨が時計方向へ回る右股関節の動きは「外旋」、反時計方向へ回る動きは「内旋」と呼ばれます。

両肩はバックスウィングで約90度回ります。スウィングの回転軸となる脊椎（背骨）は、頸椎7個、胸椎12個、腰椎5個、仙椎5個と尾椎3～5個からできています。バックスウィングにおいては、胸椎が約35度、腰椎が約5度回ります（約50度回る頸椎はスウィングには関与しません）。すなわち、脊椎は40度しか回らず、骨盤が約50度回るのです。股関節を使って骨盤を限界まで回さなければ、深いトップをとることはできません。

体重移動で腰を切る

腰を「捻《ね》じる」のは体重移動を伴わないゆっくりとした動きです。一方、腰を「切る」のは、体重移動を利用した鋭い動きです。

腰を入れて構えておいて、右足に体重をかけると、勝手に右股関節が入ります。股関節を入れるコツは、腰を入れることであり、体重移動なのです。大腿骨の曲がったネックが骨盤の横についているために、腰を入れておけば、体重をかけるだけで、股関節は自然に回旋します。人間のカラダはなんとも巧妙につくられています。

バックスウィングで、右ヒザが流れないように我慢します。右ヒザが流れてしまっては、すなわちスウェイすれば、骨盤は横に動くだけです。右ヒザで体重移動を受け止めて、右股関節が入ってはじめて骨盤が回転するのです。

体重移動を受け止めて踏ん張っていた右足をゆるめるところから切り返します。限界まで引き伸ばされていた内転筋が伸張反射で急激に収縮して、自然に体重が左へ移動し、骨盤は反時計回りに回転を始めます。

このとき右ヒザが前に出ると、せっかく入っていた腰が抜けてしまいます。これでは、腰を切るどころか骨盤が回転しません。

左足に体重を乗せながら踏み込むと、左股関節が回旋して骨盤が回転し、インパクトを迎えます。インパクトに合わせて、左ヒザを一気に伸ばします。すると、骨盤がさらに回転してヘッドを加速するのです。これも、股関節の構造がなせるわざです。

左ヒザを伸ばすときに、伸び上がってしまいやすいので注意が必要です。左足に全体重をかけながら左ヒザを伸ばします。

両手を脱力してぶら下げておいて、腰を切る動作をしてみてください。上手く腰が切れたときは、ゆるめておいた右腕が肩の動きによって勢いよく動きます。腰を切る動作が身

について きた証しです。さらに一歩進むと、腰を切るのに合わせて、右手を振れるようになってきます。右ヒジを曲げておいて一気に腰を切ると、猛烈な勢いで右ヒジが伸びます。これは運動連鎖を起こしている証拠です。

腰を切る練習をしていると、「腰を動かしているのは太ももだ」とわかってきます。太ももを鍛えることの大切さに気がつくのです。

太ももには、大きく14本の強い筋肉が通っていて、内側の内転筋群、前側の大腿四頭筋、裏側のハムストリングスの3つに分類することができます。このうち、内転筋群が、腰を切るときに大きな役割を果たしています。左足や右足を内側に倒すときには、この内転筋群を使っているのです。ところが、普段あまり動かす機会の少ない内転筋は衰えやすいので鍛える必要があります。

腰を切る動作をすれば内転筋を鍛えることができます。打球練習をする機会が少ない人は、先述した「W字腰切り体操」に励むのです。右へ左へとしっかり体重移動をして、股関節を深く入れて骨盤を回します。

また、ドライバーの素振りで腰を切る練習をしてください。ボールを前にすると、どうしても当てることに意識がいきます。腰を切る練習には、素振りのほうがよいのです。肩と腕をゆるめておいて、腰を切りながらドライバーを振る。テイクバックで、右足に体重をしっかりと乗せて股関節を深く入れ、次には、ダウンスウィングで体重を左足に移して左股関節を深く入れて、左ヒザをすっくと伸ばします。

腰を切る動作を習得して、太ももでスウィングしている実感が持てるようになると、はっきりと飛距離が伸びて、ドライバーで安定して飛ばせるようになります。

腰を入れる

野球選手は守備をしているとき、腰を落として肩の力を抜いて構えています。飛んできたボールに即応できるように、腰を入れて構えているのです。空手でも同じように腰を入れて構えます。空手に限らず、あらゆる武道や舞踊、能、狂言などでも、腰を入れることを大事にしています。重心を低くして、腰からヒザにかけての部位以外の力を抜くのです。

かつての日本の生活では、腰を入れる機会が日常的にありました。正座をするときや和式トイレを使うときです。重いものを持ち上げるときも、自然に腰を入れます。しかし、すっかり洋風化して便利になった現代では、腰を入れる機会はめったにありません。腰を入れる所作は、今や練習によって身につけるものなのです。

打ちっ放し練習場で1球打つごとに、腰を入れて構えます。ボールを打つ以外にも大事な練習があるのです。

両足を開いて立ち、尻を少し突き出しながら、股関節から上体を前傾させて、背筋を伸ばします。そして、少し重心を下げて、両ヒザをほんの少し開くのです。少しガニ股になる感じです。すると、腰の上に上半身を乗せている感じがします。ヒザを軽く曲げ、ゆとりを持たせます。カラダに中心軸が通っていて安定感があり、上半身の力は抜けていて、下半身には足が地についた力強さと粘り強さがあります。息は深くゆるやかで、精神的にはリラックスして、次の瞬間に備えて集中している状態です。

このとき太ももに触ってみると、強く張っているはずです。また、上半身の力が抜けているはずです。自然に下半身から始動することができる構えです。

ぼくは、パットをするときも腰を入れて構えます。下半身がしっかりしていてはじめて、肩を中心にした振り子のスウィングをすることができます。腰を入れていれば100球連続のパットも楽にできます。

スタンスに始まり、バックスウィングからダウンスウィング、そしてフォロースルーに至るまで、一貫して腰を入れておく必要があります。

なかでもダウンスウィングの始動が大切です。腰を入れたまま始動し、右腰を押し込んでいきます。右脚を、内側にひねるような感じで動かして、左脚に近づけるのです。このとき、右ヒザが前に出ると、連動して腰が前に出て、カラダが浮いてしまうので注意が必要です。

ちょっと油断すると腰を入れることを忘れがちです。そのため、常日頃から、腰を入れることをカラダに言い聞かせる練習が欠かせないのです。ぼくは、打ちっ放し練習場では、ボールを打つ前に、ストレッチのつもりで「腰入れ体操」をしています。腰を入れて構えて、骨盤の右上端に当てた右手で、骨盤をグイッと左下に向かって押し下げながらダウンスウィングからフィニッシュまでの動きをします。このとき左手を振ればスウィングをしているような感覚が得られます。

この体操をしたあとでは、勢いのある強い球が打てます。こうして、腰を入れておくことの重要性を思い知るのです。

12番ホール

アプローチ練習に命をかける

アプローチ練習場を確保する

アプローチが不得意な上級者はいません。

上級者はショートゲームの大切さを自覚し、アプローチ練習に励んでいるからです。

一方、気楽なコンペに参加すると、フルショットに比べてアプローチが見劣りする人が実に多い。せっかくグリーンそばまで順調に来ているのに、そこからグリーンを行ったり来たりしています。少なくともボギーで収めることができるのに、もったいないことです。

ぼくのパーオン率は30%台にすぎません。それでも調子がよければ70台で回れるのは、グリーン周りやバンカーからピンそばに寄せる技を身につけているからです。

打ちっ放し練習場では、長い距離を打ちたいと思うのが人情です。高価な貸しボールで5~20ヤードを練習するには心理的な抵抗があります。ボール代がもったいなくてアプローチ練習に励めない人が多いのではないでしょうか。練習場に行ったついでにちょっとアプローチを練習するぐらいでは、いつまでたってもアプローチ上手にはなれません。

アプローチ上手になるには集中練習が欠かせません。30ヤードぐらいのアプローチ専用練習場を確保して通ってください。狭いネット練習場か狭い芝地で十分です。

ぼくは、週に1回、打ち放題のアプローチ専用練習場に行って、30ヤード以内のアプローチをみっちり練習しています。1時間で300球ほど打ちます。小さいスウィングなので、多くのボールを打っても体を痛める心配はありません。

「そんな単調な練習をよく1時間もできるな」と思われるかもしれませんが、まったく退屈しません。PW、AW、SWを持ち替えながら、目標を真剣に狙ったり、スウィングを工夫したりしていると、1時間などあっという間です。

ぼくは、自宅のパターマットでアプローチの練習もしています。パターマットで、PWやAWを使って「チップイン」を狙うのです。実際にやってみれば、短いアプローチで正確にボールを打つのは難しいことがわかります。手先でクラブを操作しているようでは、ヘッドが正確に元の位置に戻らないからです。また、スウィングが小さいので、切り返しのタイミングをとるのが難しいからです。2メートルぐらいの距離で、しっかりとスピンがかかったアプローチを打てるようになると、グリーン周りから行ったり来たりして悔しい思いをすることはなくなり、グリーン周りからチップインを狙えるようになってきます。

一球一球、距離も方向も異なる目標を狙って300球を打つ。
インパクトのあとでリコックをしてシャフトを立てることが大事（吹田ゴルフセンター）

イギリスのコースには、必ずと言ってよいくらいアプローチ練習場が備わっています。本グリーンと寸分違《たが》わないグリーンを備えたアプローチ練習場も珍しくありません。子供たちは、パターとウェッジでボールを転がしながらゴルフを覚えます。パットとアプローチがゴルフの基本であることを、幼いころから体で覚えるのです。

日本ではアプローチを存分に練習できる場所があまりにも少ないのが大きな問題だと思っています。パットやアプローチに習熟する前に、いきなりドライバーを練習しているので、後々の上達が遠回りになるのです。コースや打ちっ放し練習場に、ぜひともアプローチ練習場を設営してほしいものです。

せめて、打ちっ放し練習場には、アプローチ専用打席を設けてほしいとかねがね思っています。10～30ヤードぐらいのところに、方向を変えて十数カ所の目標となる旗を立てるだけでよいのです。30ヤードぐらいのところに本物のグリーンが設置してあれば申し分ありません。グリーン上の旗に向かって、真剣なアプローチ練習ができます。

距離感と方向性を同時に磨く

人間には、進化の過程で身につけた、目標までの距離を目測する高度な能力が備わっています。せっかく授かったこの目測能力をゴルフでも生かさない手はありません。

距離を正確に目測するには、目標に正対する必要があります。両方の目が目標に正対してはじめて、正確に距離を測定できるのです。また、目測が済んだら、距離感が鮮明なうちに、速やかにスウィングに入ることです。何度も素振りしたりして時間をかけていると距離感が薄れてしまいます。

目標を狙うアプローチ練習をしていると、小脳は、一球一球の結果を振り分けながら、「狙いどおりに打てたときはカラダがこう動いている」「狙いを外したときカラダはこう動いている」というように学習します。その結果、小脳のなかに「内部モデル」と呼ばれる神経回路がつくられます。目視するだけで、無意識に距離を合わせてスウィングできるようになるのは、この「内部モデル」が運動神経を通じて命令を出し、多くの筋肉が協調して動くからです。

真剣な練習をすればするだけ、「内部モデル」に修正が加えられ、しだいに高度なものになっていきます。できるだけ目標を絞って、正確にボールを落とすように努めるのです。そして、ショットの結果を小脳にフィードバックします。漫然と練習していたのでは、「内部モデル」の修正が進みません。

1球ごとに、本番と同じつもりで、目標に正対してボールを落とす地点を確認し、落ちたボールが転がって目標に当たるところをイメージしたうえで、実際にボールを打って、その行方を確かめます。この練習に励んでいれば、チラッと目標を見るだけで、体が勝手に動いて正確に距離を合わすことができるようになります。ゴミ箱に丸めた紙を投げ入れたり、キャッチボールで相手のグローブに向かってボールを投げたりするときとまったく同じです。

アプローチ練習には、「ブロック型」と「ランダム型」があります。

「ブロック型」は、ひとつの目標を狙って、何度も繰り返して打つ練習です。

「ランダム型」は、1球ごとに距離と方向が異なる目標を、無作為に狙う練習です。

ランダム型のほうが、遠回りのようでいて実は効率的に上達できることは、脳科学の実験で実証されています。テニスで言えば、フォアハンドを50回練習したあとにバックハンドを50回練習するよりも、フォアハンドとバックハンドを交ぜながら100回練習するほうが効率的に上達できるのです。

この練習では、距離感を合わせようとする意識が強く働きます。実戦のつもりで、一球一球、真剣に目標を狙うのです。少し手前に落としたボールが、転がって目標に向かって寄っていくのを確かめます。達成感があるので、300球を練習しても飽きることがありません。目標の数を増やせば増やすだけ、ランダム練習の効果が上がります。異なる方向にできるだけ多くの目標を設定して練習するようにします。

目標を変えながら、AWとSWを持ち替えるようにすれば高度なランダム型の練習になります。AWとSWのそれぞれの距離感を同時に磨くのです。

ランダム型の練習では、ミスショットをすると、同じ目標に向かって打ち直したくなります。しかし、我慢して別の目標を狙うのです。コースでは、同じ目標に向かって打ち直すことはないのですから、「一球必中」の練習が欠かせないのです。

1球ごとに距離と方向が異なる目標を狙うランダム練習

練習の締めくくりに、すべての目標の1メートル以内に連続して寄せることを自分に課してください。こんな小さなプレッシャーでも、真剣味が増して練習効果が上がります。

アプローチ練習でスウィングを磨く

ラウンドや練習の最中に、「こうすれば上手く打てる！」と開眼することがあります。この小さな開眼は貴重な上達のきっかけです。しかし、せっかくの開眼も、そのままにしておけば忘却のかなたに消えてしまいます。

開眼したことを練習ノートに記しておいて、あとで復習することが大切なのです。復習してみると、的外れな開眼だったとわかることが多々あります。コーチにも相談したうえで、間違いのない開眼だと確信すれば取り込むのです。

開眼したことを復習したり取り込んだりするためには、数多くのボールを打つ必要があります。それには、アプローチの練習が最適なのです。カラダに負担をかけないで存分にボールを打てるからです。しかも、短いクラブを使うのでカラダの動きを制御しやすいのです。

アプローチを存分に練習すれば、距離感だけでなく、スウィングを磨くことができます。たとえば、手首の「タテ動作」を覚えるには、アプローチ練習が最適です。コック、リリース、リコックを意識しながら練習に励めば、高く上がるボールを打てるようになり、バンカー越えや砲台グリーンが苦にならなくなります。それだけではなく、アイアンやフェアウエイウッド、ドライバーでも、高弾道の強いボールを打てるようになります。

アプローチが上手くなれば、フルショットも上手くなります。

一方、フルショットが上手くなっても、アプローチが上手くなることはありません。アプローチの練習は、肉体的にも経済的にも負担が少ないのです。アプローチに力点を置いて練習するのは、中高年にはもってこいの上達法です。

アプローチではクラブを短く握ってオープンに構えるように勧めるレッスン記事を散見

します。そのため、アプローチは特殊なショットだと考えている方が多いようです。しかし、ぼくにとって、アプローチとフルショットにはなんの違いもありません。アプローチとフルショットで異なるのは、スウィングの振り幅と打つ強さ、すなわちヘッドスピードだけなのです。

心構えを改めるだけで10打縮まる

ミート率を上げて飛ばそう

ぼくは、先述したように、打ちっ放し練習場に行くと、「ヘッドスピード」だけでなく「ボールスピード」を計測しながらドライバーでボールを打っています。このスピード測定器を使った練習を通じて興味深いことがわかってきました。

1つは、飛ばそうとして強振すると、ヘッドスピードもボールスピードも上がらないということです。リズムが狂って両腕の位置エネルギーを十分に活用できないうえに、運動連鎖を十分に使えないからです。

2つは、ボールを強く叩くと、ヘッドスピードは上がっても、ボールスピードは上がるどころか落ちるということです。芯を外してしまって、肝心の「ミート率」（ボールスピードをヘッドスピードで割った数値）が下がるのです。

飛距離のカギであるミート率は、ドライバーで言えば、一般的なゴルファーで1・3〜

●ミート率が飛距離の決め手

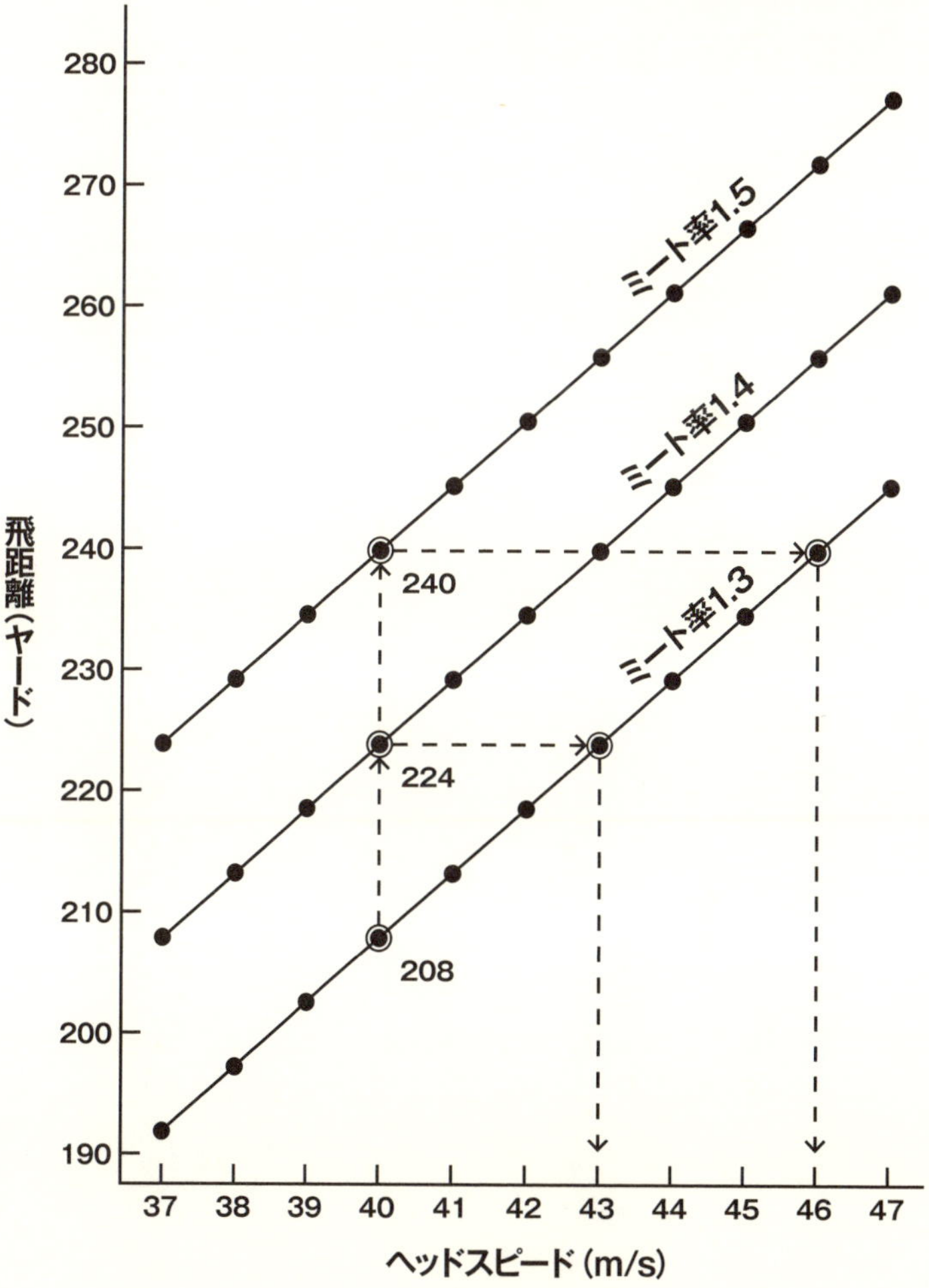

飛距離は、打ち出し角とバックスピン量が最適化されているという前提で、「ヘッドスピード×ミート率×4」として算出

1・4、上級者やプロになると1・5に近づきます。前ページの図に見るとおり、ミート率が飛距離に与える影響は思いのほか大きいのです。

ヘッドスピード40m／s、ミート率1・3の人の飛距離は208ヤードです。ミート率を0・1上げれば、飛距離は16ヤード伸びて224ヤード、0・2上げれば飛距離は32ヤード伸びて240ヤードです。ミート率1・3のままで同じ飛距離を得るためには、ヘッドスピードをそれぞれ43m／s、46m／sに上げる必要があります。ヘッドスピードは体格や柔軟性、瞬発力などの運動能力で決まります。ヘッドスピードを3～6m／s上げるのは容易なことではありません。

一方、練習に励んでスウィングを磨けば、無理なくミート率を上げることができます。そして、安定して飛ばせるようになるだけでなく、方向性がよくなって番手ごとの距離が安定します。ミート率を上げるように練習するのが上達の早道なのです。

ぼくのヘッドスピードは37～38m／s、ミート率は1・40～1・49、ドライバーの飛距離は205～225ヤードぐらいです。それでも、昨年3月に開催されたホームコースの研修会で、11番パー5において、並み居る飛ばし屋に伍して、思いもよらぬドラコン賞を獲得しました。

表彰式では、称賛の嵐の一方で、「どこから打ったのだ?」という疑念の声が出る始末でした。それでも、ヘッドスピードで遠く及ばなくてもミート率を極限まで高めれば並み居る飛ばし屋とドラコン勝負ができることを証明したのです。優勝したときよりも嬉しい気分で鼻高々でした。

下半身主導の滑らかなスウィングで、腕を自然落下させて、タイミングよく切り返すことができれば、ミート率が上がり、しかも、真っすぐ打ち出せます。そして、結果として飛ばせるのです。

手を読むのがゴルフの醍醐味

ヘボ将棋でも「自分がこう指せば、相手がこう指してくる」と懸命に手を読みます。「手を読むのが将棋だ」とだれもが思っています。

一方、ゴルフとなると、多くの人が場当たり的なプレーをして、あとになって「ああすればよかった、こうすればよかった」と後悔しています。「手を読むのがゴルフだ」と思っていないからです。このことが、ただでさえ難しいゴルフを一層難しくしています。

次の一手を読まないで安易にプレーするゴルファーが多いのは、対戦する相手が人間ではないからです。ゴルフで対戦する相手は、自然でありコースです。これらには人格がないので、「自分がこう指せば、相手がこう指してくる」という思考にならないのです。

ところが、ゴルフにおいても、「自分がこう指せば、相手はこう指してくる」という構図が成り立っているのです。場当たり的なプレーをすれば、物言わぬ自然やコースは必ずしっぺ返しをします。自分のプレーに対して自然やコースがどのように応えるだろうかと前もって読む必要があるのです。

日本ゴルフ協会が主催する日本オープンなどの競技会や男子ツアーの競技規定によれば、前の組との間隔が空いたりして、スロープレーと認定するための計測に入ったあと、1打に要する平均許容時間は40秒とされています。ショットを始めるのに不都合がなくなった時点から、40秒以内にスウィングを終えなくてはなりません。日米の女子ツアーはもっと厳しく、1打の平均許容時間は30秒です。

素振りを1回してスウィングを終えるまでの時間は約15秒です。1打の許容時間を40秒とすると、残りの25秒で、状況を把握し、分析して決断をする必要があります。自分の番が来てから状況判断をしてクラブを選んでいるようでは、とても間に合いません。クラブ選択を決めかねていると、25秒はあっという間に過ぎます。

そこで大事なのが、次打地点にたどりつくまでの時間です。いつも回っているコースであれば、残りの距離はおよそわかります。必要と思われるクラブ数本を手にして、同伴者がプレーをしている間に、残りの距離やグリーン周りの状況、ボールのライなどを観察します。そして、自分のボールに歩み寄りながら最終決断をします。

自分の打つ番が来るまでに心を決めておけば、40秒といわず、15秒でスウィングを終えることができます。きっぱりと決断をして、速やかにスウィングを終えるとよい結果を生みます。キャディとの相談に時間をかけたり、考えすぎたり、躊躇《ちゅうちょ》したりしていると、ろくなことはありません。ぐずぐずしているから雑念が入ってきて迷うのです。他のプレーヤーに迷惑をかけないためにも、自分のスコアのためにも、スロープレーは禁物です。きっぱりと心を決めて迷うことなくプレーできるのが上級者の証しです。

慣れてくると、「下手をしたらあのバンカーに打ち込んでしまうな、カップが手前に切られているのでバンカーから寄せるのは難しいな、それなら花道を狙おうか、花道からは上っているので寄せやすい」というように、1手先どころか2手先、3手先まで読むことができるようになります。1打ごとに手を読んでいれば、しだいに直感が働くようになり、状況を確認するだけで「最善手」がひらめくようになってきます。

ぼくは、ショットをする前に、状況分析をしたうえで、3つの作戦を考えるようにしています。

1つは、「バーディ作戦」です。規定打数でグリーンをとらえて、少なくともパー、あわよくばバーディを狙う作戦です。この作戦を選ぶにあたっては、危険と報酬を天秤にかけることが必要です。1打へこまそうとして、2打も3打も余計に打ってしまうのでは、とても作戦とは呼べません。大叩きをする可能性が少しでもあれば、「バーディ作戦」は断念します。

2つは、「パー作戦」です。規定打数でグリーンを狙わずに、あえてグリーンを外して、次のアプローチで「寄せワン」を狙う作戦です。この作戦の成功のカギは、アプローチがしやすくて安全な場所を知っていることであり、アプローチとパットが得意なことです。

3つは、「ボギー作戦」です。確実にボギーをとるための「刻み作戦」です。この作戦を成功させるカギは、次のアプローチがしやすい安全な場所に刻むことです。間違っても傾斜地のラフからアプローチをする羽目にならないように、万全の注意を払います。

グリーンの前に池や深いバンカーがある状況では、グリーンに近づきすぎて中途半端な距離を残すより、フルショットの距離を残して刻むほうが、往々にしてよい結果を生みます。

実行する作戦を決めるにあたっては、もうひとりの自分と対話します。「バーディ作戦は成功するかな?」などと自問自答するのです。「無理ではないか」とか、「よし、やってみよう!」という声が聞こえます。その声に素直にしたがえばよいのです。自分の実力は自分が一番よく知っています。「無理ではないか」という声が聞こえたにもかかわらず強引に攻めると、決まって大叩きをしてしまいます。

3つのうち、どの作戦にしようかと迷うのは最悪です。心が定まっていなければ、たとえ安全な作戦を選択したとしてもミスショットになりやすいのです。目標までの距離、目標地点の危険度、ボールのライによって作戦は決まります。

たとえば、ぼくは残り190ヤードで、目標地点が危険でなければ、少々の左足下がりの傾斜地からでも、5Wを握って「バーディ作戦」を敢行します。ところが、傾斜がきつかったり、芝が薄かったりすれば、即、「パー作戦」に切り替えます。同じ残り190ヤードでも、池越えで逃げ場がなければ、言うまでもなく「ボギー作戦」をとります。

なんとしても大叩きを避ける

「このホールで大叩きさえしなければ好スコアだったのに！」という残念なラウンドを経験することは多いはずです。上級者のスウィングを身につけているのに、いくつかのホールでの大叩きがあるとスコアがまとまりません。

大叩きをしないようになれば、現在のスウィングのままでもハンディを3〜4縮めるのは決して難しいことではありません。

ミスショットをしたあとに悪あがきをするのが、大叩きをする一番の原因です。しかし、それを教えてくれる人はいません。自分の失敗から学ぶしかないのです。ラウンドをとおして自制する術を覚える必要があります。「ゴルフで戦う相手は自分自身だ」と言われる所以《ゆえん》です。

大叩きを避けるために大事なことが2つあります。

1つは、自分なりの「判断基準」をつくることです。

かつてぼくは、危険な状況から逃げてばかりいては上達できないと考えていました。そして、無謀とも言える難しいショットを試みていました。しかし、無謀な挑戦を重ねても得るものはありません。身のほど知らずの失敗は「あちゃー」で終わってしまい、スウィングが未熟であることを思い知るだけなのです。

一方、状況判断をしたうえで、自分の技量を考慮してショットをすれば、たとえミスショットに終わっても意味があります。「この状況でグリーンを狙うのは危険だ」とわかるからです。状況判断をしながらプレーをしていると、「この状況であればグリーンを狙っても大丈夫だ」という自分なりの判断基準ができてきます。この判断基準に照らして、安全にプレーするのか、積極的にプレーするのかを決めるのです。

たとえば、ぼくは、グリーンのすぐ手前がＯＢや池、深いバンカーになっているような危険な状況でも、「グリーン前端」への距離が１６０ヤードまであれば、積極的にグリーンを狙います。しかし、160ヤードを超えれば、迷うことなく刻んで得意な距離を残します。無理をすれば深刻な事態になることが目に見えているからです。

ボールのライが悪ければ、すなわち、芝が薄いところやデボット跡や傾斜地にあったり、ラフに沈んでいたりするときは、グリーンを狙う判断基準を140〜150ヤードほどに下げます。バンカーからのショットであれば、判断基準をさらに下げて130ヤードにします。

刻もうとすると、「男は度胸!」とか、「挑戦しなければ男じゃない!」という声が頭のなかで聞こえます。コースが挑発してくるのです。試されているのは自制心です。挑発に乗ってしまえば、大叩きするのは目に見えています。判断基準を決めるのは迷わないためです。迷いがミスショットの大きな原因なのです。

調子がよいときほど落とし穴があります。次々にパーやバーディがとれると「行け行けドンドン」になり、状況判断どころではなくなって、どこかのホールで大叩きをする羽目になります。一方、「今日は調子がイマイチだな」というときには慎重にプレーするので、まずまずの成績を残せます。絶好調のときに「判断基準」を守って手堅くプレーできれば、好成績間違いなしです。

2つは、「1ヤードでも前へ」と思う習性を改めることです。

大叩きをする一番の原因は、なんといってもドライバーの乱れです。ティーショットをOBゾーンや池、林に打ち込めば、ダブルボギーは約束されたようなものです。さらには、ドライバーショットで失敗すれば、ダブルボギーでは済まないことが多いのです。ドライバーの失敗は尾を引きます。

たとえば、ドライバーの当たりが悪くてラフに打ち込んで、第2打で3Wを取り出す人をよく見かけます。フェアウェイからでも難しいのに、ラフからであれば3Wの難しさは倍増します。当たり損ないの第2打を、ラフやバンカーに打ち込めば頭のなかは真っ白！やけになって、3Wでラフを匍匐《ほふく》前進すれば、ダブルボギーどころかトリプルボギーもあり得ます。

ドライバーの失敗が大叩きにつながりやすいのは、失った飛距離を取り戻そうとする心理が強く働くからです。

ドライバーで失敗したら、このホールはボギーでよいと心を決めるのです。そして、無理をしないで、ボールをフェアウェイに戻します。たとえば、400ヤードを超える長いパー4で、ティーショットの当たりが悪くて150ヤードしか飛ばせずにラフに打ち込んでしまったら、第2打をアイアンでフェアウェイに運ぶのです。残り100ヤードぐらいの第3打でグリーンをとらえれば、ボギーは間違いがないはずです。

林に打ち込んだときも失敗の上塗りをしやすくなります。ボールを林に打ち込むと、一旦は安全に横に打ち出そうと思います。しかし、いざ林のなかに踏み込むと、ついつい グリーン方向に向かって木立の隙間を探してしまいます。林のなかを斜めに打てば、多くの木の間をぬって打ち出すことになり、ボールを木にぶつける確率が高いのです。

冷静に考えれば、たとえ前方に向かって打ち出せたとしても、たいした距離の違いはありません。あまりにも危険は大きく、得られるものは少ないのです。

ぼくは、林に打ち込んだときは、「1打の罰を潔く受けよう」と自分に言い聞かせます。「どうして林に打ち込んだのだろう」と自分を責めながら林に踏み込むと、起死回生の1打を検討しがちになるからです。

フェアウェイバンカーに打ち込んだときにも、少しでもグリーンに近づきたいという心理が働きます。そのため、たとえアゴが高くても、長いクラブを使って距離を出そうとしがちです。

あるとき、アゴの高いフェアウェイバンカーから、8番アイアンを使って打ったボールが、アゴに当たって跳ね返ってきました。そこで、SWに持ち替えてバンカーを脱出し、残り150ヤードの第4打をグリーンに乗せて痛恨のダブルボギーです。

ホールアウトしてから冷静に考えれば、バンカーからグリーンまで180ヤードなので、たとえ8番アイアンでバンカーを脱出できたとしても、とてもグリーンには届かなかったのですから、初めからSWで安全に脱出すればよかったのです。また愚かな自滅ショットをしたと知って天を仰ぎました。

グリーンに上がる前にラインを決める

ぼくは、「仮想カップ」を設定し、それに向かってパットをします。適切な仮想カップさえ設定できれば、カップインはほぼ約束されたようなものです。

ただ、仮想カップを正しく設定するには、傾斜についての確かな情報が欠かせません。ラインが読めていれば、カップインの確率はぐんと上がるのです。ラインが読めていなければ、短いパットでも外す羽目になります。迷いがあれば、小脳から筋肉への指令が乱れてカラダが滑らかに動かないのです。

グリーンの外からも情報収集をする必要があります。起伏に富んだ大きなグリーンでは、グリーンに足を踏み入れると、入り組んだ複雑な傾斜に幻惑されてしまうからです。

グリーンに近づきながら、グリーンの「最高地点」を見定めて、大まかな傾斜を把握することが大切です。上って下ったり、右や左に曲がったりする難解なロングパットでは、最高地点を基準にして、結局のところ「少し下って右へ曲がる」というように判断できれば、大きな間違いはしません。傾斜に幻惑されたまま、なんとなくパットをすれば、「あちゃー」になりがちです。

グリーンの傾斜を、ボール側から、カップ側から、真横から観察したうえで、仮想カップの位置を決めるのです。3方向から観察すれば、傾斜を読み誤ることはありません。

ボールがカップの手前にあるときは、グリーンに上がれば、まず、自分のボールが落下した跡（凹み）をグリーンフォークで直します。凹みを直すのは、グリーンを傷めないためでもあり、グリーンの硬さを知るためでもあります。「かなり硬い」とわかれば、次のアプローチをするときに、ボールの落としどころをいつもより手前に設定します。

マークをしてボールを拾い上げて、カップ方向を見ながら、「下りの右に曲がるラインだな」「仮想カップはあの辺りだな」というように読みます。そして、他のプレーヤーのラインを踏まないように注意を払いつつ、カップへ向かって歩きながら傾斜を真横から観察して、「これは速そうだな」「仮想カップはもっと手前かな」というように最初の読みを修正します。他のプレーヤーの邪魔にならなければ、カップ側からも傾斜を確認し、「よし、この仮想カップで間違いない！」と心を決めます。

一方、ボールがカップより奥にあるときは、グリーンに上がったら、まず、カップの後ろからボール方向を見ながら、「下りで、少し左へ曲がるな」というように傾斜を読みます。そして、凹みを直したあと、ボールへ向かって歩きながら傾斜を真横から観察するのです。そして、マーカーを置いてボールを取り上げ、もう一度傾斜を読んで、仮想カップを最終的に決めます。

初心者ほど出番をボーッと待ち、いざパットをする番になって、あわててカップの向こう側に行ってラインを読んでいます。これでは時間泥棒です。

3方向から傾斜を観察したうえで仮想カップの位置を決めたのですから、迷いは一切ありません。仮想カップに向けて、確信を持って振り子スウィングをすることができます。パットをする直前に、ボールから仮想カップをとおって本物のカップまでのラインを目でなぞります。仮想カップについて迷いがないときには、ボールが想定したライン上を転がってカップに転がり込むイメージが湧きます。すなわち、「ラインが見える」のです。こんなときは、たとえ長い距離であっても高い確率でボールを沈めることができます。

不思議なことに、「入れよう！」と思うと、短いパットでも外すことがありますし、打ちすぎてカップを大きくオーバーしてしまうこともしばしばです。

一方、「入りそうだ！」と思えるときは入るのです。ラインについて確信があるからです。「入りそうだ！」と思う心境になれるかどうかは、グリーンの傾斜についての情報量にかかっています。情報収集力がパットを1発で決めるカギなのです。

14番
ホール

コースでの〝現場力〟を鍛える

スタート準備でスコアが決まる

コースに到着してからの時間の過ごし方で、その日のスコアが決まると言っても過言ではありません。着替えを済ませ身支度を整えたあと、打ちっ放し練習場に行って、まず、ウォーミングアップをします。ウォーミングアップとは、軽い運動をすることによって、心拍数を上げて全身の血流を増やし、カラダ全体を内側から温めることです。

ぼくのウォーミングアップは、ドライバーで「イーチ、ニィー」と口ずさみながら、切り返しのタイミングを意識して、ブランコを漕ぐようにゆったりと連続素振りをすることです。心拍数を上げ、筋肉に刺激を与えながらスウィングのリズムを呼び覚ますのです。

このあとAW、6番アイアン、7W、ドライバーで、計20球ほど打ちます。カラダを目覚めさせるのが目的なので、弾道にはまったくこだわりません。ホームコースの打ちっ放し練習場は、奥行10メートルぐらいしかありません。この狭さがウォーミングアップにはかえってよいのです。奥行がないので弾道を気にせずに、体の動きに集中できるからです。

コースに広い打ちっ放し練習場が付設されていると、ついついウォーミングアップを通り越して、練習する気分になります。そして、日頃の練習不足を取り戻そうとして、あれこれ点検すると弾道が気になります。しかし、弾道にこだわっていると、ドライバーで5～6球打つだけでは済まなくなり、もっと打ちたくなります。もう1カゴのボールを借り出して、弾道を修正する練習を始めると、どうしても手先を使って弾道を調整してしまいます。これでは、手打ちを練習してからスタートするようなものです。朝一番から弾道を気にしているようでは、一日中、弾道が気になることでしょう。

フィギュアスケートの世界トップクラスの選手でさえ、ウォーミングアップ中にジャンプで尻もちをついたりすると、本番の演技で失敗しやすいのだそうです。不安を抱えたまま演技に入ると、冷静な気持ちで演技に臨めないからです。

スタート前の打ちっ放し練習場で、スウィングの気になっているところを直したり、新しいことを試したりするのは禁物です。

パットの距離感が合わなければ、3パットが続き、ストレスが溜まってショットまで狂ってきます。パットの距離感を合わせるためには、ラウンド当日のグリーンスピードの把握が欠かせません。

グリーンは自然なのですから、季節や天候によってスピードは日々変化します。また、ホームコース以外のコースへ行けば、グリーンスピードの設定値が大きく異なることがあります。日によって、天候によって、またコースによって変化するグリーンスピードに適応できなければ、好スコアは望めません。

パットの距離感を合わせるカギは、ラウンド当日のグリーンスピードを把握することです。グリーンスピードをつかめば、距離感に不安がなくなり、仮想カップに集中できます。

ホームコースや行きつけのコースでも、ラウンド当日のグリーンスピードの確認が欠かせません。コースに、当日の朝に計測したヘッドスピードが掲示されていれば必ず確認します。8フィート前後であればかなり遅いとわかり、9フィートを超えていればかなり速いとわかります。

朝の練習グリーンでは、その日のグリーンスピードの把握に注力します。10メートルぐらい先のカップに向かってボールを転がして、カラダに染み付いている「基準スピード」に対して、その日のグリーンがどれくらい速いのか、あるいは遅いのかを把握します。10%ほど速いとわかれば、本グリーンでは、10%ぐらい手前に仮想カップを設定します。

邪念や雑念を閉め出す

ティーショットをするために構えてから、なんとなく足場が悪いと感じたり、ティーアップの高さが気になったり、方向が気になったりすることがあります。それでも「えい、ままよ！」と打ってしまえばミスショットになりがちです。なにかに気をとられていると、スウィングに集中できないのです。「構え直せばよかった！」と後悔しても手遅れです。心の微妙な動きがスコアを左右するのです。

足場やティーアップの高さが気になったら、構えを解いて仕切り直しをすればよいのです。気にかかることがあるままの状態でスウィングをして、林やＯＢに打ち込んでしまえば、同伴競技者を待たせたり、ボールの探索を手伝わせたりすることになります。それこそ本当の迷惑です。

パットをするときにも、勝手に心が介入することがよくあります。少し曲がりそうな上りのパットで、カップの向こう側の壁にぶつけるつもりで、強めに真っすぐ打とうと決心します。しかし、「打ちすぎたら下りの難しいパットが残る」という気持ちが少しでも残っていれば、打ち切れないで外してしまいます。

傾斜を読み終えたら、ボールの赤道上に引いた「目標線」を仮想カップに向けて、ボールを置きます。そのうえで、パターのフェースを目標線に直角に合わせて構えてから、ラインを再確認します。このとき、ラインがくっきりと見えれば、高い確率でボールをカップに沈めることができます。

ところが、「ラインが少し違うかな?」と感じることがあります。同伴競技者を待たせるわけにもいかず、そのまま打つと、多くの場合カップを外してしまい、「ラインを読み直せばよかった!」と後悔することになります。一方、目標線にしたがわないで、少し右か左を狙って打つと、ボールは無情にもカップを外れるのです。「最初の狙いは正しかったのだ!」と臍《ほぞ》を噛むことになります。

これは、どちらの読みが正しかったのかという問題ではありません。心中に迷いが残っていたことが問題なのです。

ラインを読むのに時間をかけたり、素振りを繰り返したりしていると迷いが出ます。速やかに決断して実行すれば迷いません。決断力は、ラウンド術の根幹なのです。

ラウンド中にミスショットをすれば、その原因を究明したくなります。しかし、ラウンド中にスウィングを点検するのは禁物なのです。ラウンド中にスウィングを気にすれば、体が滑らかに動かないからです。ラウンド中にスウィングについて考えることは大いなる雑念になります。

打ちっ放し練習場ではナイスショットを連発できるのに、コースに出るとミスショット自分で首を絞めることになってしまうのです。多くの場合、心が邪魔をするからです。心の整理がつかないままにショットをすると、心が勝手にスウィングに介入するのです。不安や恐怖を感じて、自分で自分の首を絞めているのです。

たとえば、ティーグラウンドで構えに入ろうとしたところで、同伴者やキャディから「フェアウェイの右はOBです」と言われて、目を向けると白杭が目に入ります。そのままティーショットをすると、吸い込まれるようにOBに打ち込んでしまいます。「右には打つな!」という否定形の指令を、耳と目から脳に入力したままスウィングをするからです。

「右に打ちたくないのはわかった。ではどうすればよいのだ?」と脳は思っているのです。脳が混乱した状態でスウィングをすれば、ミスショットになるのは目に見えています。大きな筋肉が動かないで、動きやすい手先が勝手に動くからです。

こんなときは、どうすればよいのでしょうか。先述した〝スパットゴルフ〟を着実に実行すればよいのです。飛球線の後方に立って軽く素振りをして、リズム感を呼び覚まします。そのうえで、スパットを頼りに構えてからは、切り返しのタイミングだけを意識してスウィングします。リズムとタイミングに集中することによって、フェアウェイ右のOBに対する不安を排除するのです。

スパットに対して構えたら、速やかにスウィングに入ることが大切です。ぐずぐずしていると、せっかく追い払った「あそこには打ちたくない！」という否定形の情報が、再入力されてしまいます。

パットでも心が邪魔をすることが多々あります。たとえば、なんでもない短いパットをしようとして、「外すのではないか！」という不安が頭をよぎることがあります。一抹の不安をぬぐえないままパットをすれば、必ずと言ってよいくらい外します。また、同伴者が長いパットを決めると、その直後の短いパットを外してしまうことがあります。これも「入れて当然、外したくない！」というプレッシャーを自分にかけるからです。まさに、自縄自縛《じじょうじばく》なのです。

感想戦でラウンド術を磨く

仕事で失敗すれば、二度と同じ失敗を繰り返さないようにします。仕事では、だれもが失敗を成長の糧《かて》にしています。ところが、懲りないのがゴルファーです。ゴルフになると、人はどうして同じ失敗を繰り返すのでしょうか。

仕事なら給与や出世に直結するのに対して、遊びのゴルフなら「あちゃー」で済むからです。〝チョコレート〟をとられた悔しさも、一晩眠ればケロリと忘れます。どうすれば、ゴルフにおいても失敗を成長の糧にできるのでしょうか。ラウンドのあとで、「感想戦」を行えばいいのです。

将棋の棋士は、対局を終えたあとに、勝者と敗者が一緒になって、長い時間をかけて「感想戦」を行います。一手一手を振り返って「あれは悪手だった」「こう指せばよかった」「ここが勝負の分かれ目だった」というように検証するのです。感想戦は上達への近道と言われ、強くなるためには不可欠なのだそうです。

ラウンド数が少ない一般アマチュアが効率的に上達するには、ラウンド後の「ひとり感想戦」が欠かせません。ラウンドの記憶が鮮明なうちに、その日の一打一打を振り返って、どんな状況判断を

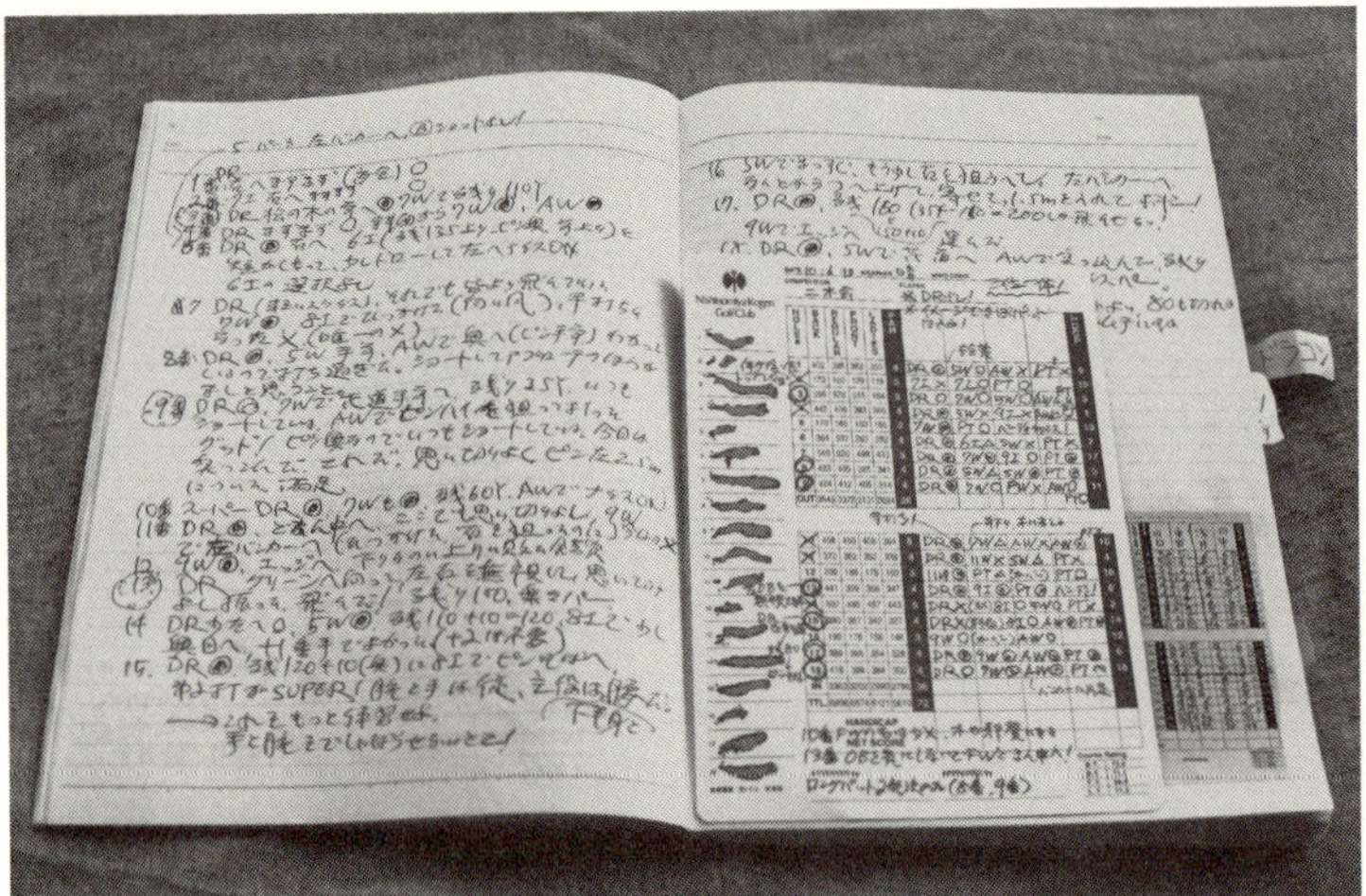

感想を記したノート。もう1枚のスコアカードにショットごとの使用クラブや結果などを記せば感想戦の手がかりになる

したのか、局面は攻めだったのか守りだったのか、どんな選択肢を考えたのか、正しい選択だったのか、などを検証して「練習ノート」に記録するのです。すると、愚かな失敗をした理由がはっきりしますし、他の選択肢があったこともわかります。成功したショットと、その理由も記します。文字にすることによって、成功体験が脳裏に深く刻まれるのです。

感想戦で得た教訓を、次のラウンドで生かすようにしていると、愚かな失敗をする回数が減り、徐々に「悪手」を避けて「良手」を指せるようになってくるのです。

ホームコースであれば、各ホールの特徴が頭に入っているので、1打ごとの状況判断や使ったクラブ、ショットの結果を思い出すのは難しくありません。感想戦を実践するためにも、ホームコースが必要なのです。

感想戦を記した練習ノートは、ぼくの愚かな失敗の一覧表と言ってもよいくらいです。ラウンド術に関してはまだまだ未熟なのです。それでも、一歩一歩前進している実感があります。感想戦を実践するようになって愚かな失敗は徐々に減っているからです。

感想戦をすることには心理的抵抗があるかもしれません。愚かな失敗を認めたくないという心理が働くからです。第2打でチョロをすれば「フェアウェイの手入れが悪い！」、ショートしてバンカーに落とせば「急に風が強くなった！」、バンカーショットに失敗すれば「こんなアゴの高いバンカーは非常識だ！」、3パットをすれば「こんなに速いグリーンは理不尽だ！」と思いがちなのです。

さらには、失敗を忘れたいという心理も働きます。それにもかかわらず、将棋では、敗者が勝者と一緒になって失敗の原因を追究し、もっとよい手はなかったかと検討するのです。実力をつけるには感想戦が欠かせないと心底わかっているからです。

「起こったこと」だけでなく、「起こったかもしれないこと」を認識するのは高度な脳の働きです。まずは、一度でもラウンドの直後に感想戦をして、その記録をノートに残してみてください。勇気を持ってラウンドを振り返れば御利益があります。

ラウンドレッスンが上達の早道

ぼくは我がコーチから、年に数回、ラウンドレッスンを受けています。ぼくのスウィングの欠点や悪癖を熟知している「かかりつけコーチ」から受けるラウンドレッスンには大きな意味があります。コースでは、自分の弱点があからさまになるので、撲滅したかに見えた欠点や悪癖がコースに出ると顔を出します。

1打ごとに、自分なりの状況判断と攻め方を考え、それを我がコーチに告げておいてショットをします。そして、ショットの結果を見ながら講評を受けるのです。

万壽《まんじゅ》GC（奈良県）でラウンドレッスンを受けたときのことです。401ヤードの1番パー4で、160ヤードの左下がりの第2打が残りました。グリーンは大きな深いガードバンカーで守られ、カップはバンカー越えに切られています。バンカーを避けてグリーン左端を狙えば、グリーンを外しても花道から寄せられると読みました。

その作戦を我がコーチに告げて、6番アイアンを振ると、軽くスライスしてボールはピン近くに寄っていったのです。予想以上の好ショットです。それを見ていた我がコーチが、「左足下がりからはスライスするのよ」と言います。ぼくはそこまでは読んでいませんでした。守って攻めることも可能なのです。またひとつ収穫です。

545ヤードの3番パー5で、ティーショットをフェアウェイ右側に運びました。行ってみると、「つま先上がり」のライです。ぼくは迷わず7Wを持ってボールに向かいました。それを見ていた我がコーチが、「いい選択ですね！」と言います。「3Wでも打てるかもしれないけど芯で打つのが難しい。7Wのほうがかえって飛距離が出るかもしれない」と続きます。これは、ぼくにもわかっていました。だからこそ自信がある7Wを選択したのです。欲をかかなければミスショットにならず、しかも飛距離が出ることもあるのです。

第3打をグリーン右の深いラフへ外し、「左足下がり」のバンカー越えのアプローチが残りました。1番手下げて花道を狙うべきだったと思っても手遅れです。

アプローチの構えをとると、悪い予感がします。バンカーを外して花道方向へ脱出し、次のアプローチにかける手も浮かびました。しかし、結局、バンカー越えでピンを狙ったのです。案の定、距離が足りずにバンカーにつかまりました。

思わず「やっぱり！」という苦い思いがこみ上げてきます。失敗を謙虚に受け止め、その次のショットに勝負をかけるべきだったのです。我がコーチから、「深いラフからは、ピンをオーバーする覚悟で大きめに打つべし」とのお達しです。

悪い予感がするときでも、「せっかくの練習の機会だし、逃げていてはいつまでも難しいショットは打てない」と考えていました。しかし、窮地《きゅうち》に陥ったときに成功率が低いショットを試みるのは、挑戦ではなく無謀なのです。最善手を選択するのもさることながら、悪手を選択しないようにすることが大切だと気づいた瞬間でした。

383ヤードの15番パー4のティーグラウンドに立つと、フェアウェイ右側は池になっています。我がコーチから一言。

「池を避けてフェアウェイの左に向かって構えて、引っかけて左の斜面に落とす人が多い」

斜面も立派なハザードなのです。我がコーチからさらに一言。

「逃げないで池の端ぐらいを狙うのがよい。本能で池を避けようとするので、ボールは軽くフックしてフェアウェイの真ん中に落ちるはず」

ぼくの打球は、軽くフックしてフェアウェイど真ん中へ落ちました。百戦錬磨の我がコーチの言葉は霊験あらたかです。

あるラウンドレッスンで、ドライバーショットで失敗した直後に、「バックスウィングで起き上がっていたわよ！」と指摘されました。「軽く跳び上がって着地した姿勢でもう一度打ってみて」と続きます。そこで、言われたとおりに軽く跳び上がって着地して、もう一度ティーショットをするとスーパーショット！

別のラウンドレッス

パットでもインパクトを見届ける

ンでは、短いパットを何度か外したのを見ていた我がコーチから、「頭が動いている！」と鋭い指摘がありました。結果を確かめようとして、頭を動かして引っかけているのです。インパクトを見届けるようにしていると、それからの短いパットは百発百中！

このラウンドのあと、自宅のパターマットに丸い点を描き、そこにボールを置いて、インパクトのあと、その丸い点を見届ける練習を続けました。ラウンドレッスンを受けると練習に磨きがかかります。

ある日のラウンドレッスンで、打ち上げホールでティーショットを右方向へ押し出したことがありました。我がコーチがスタンスをとったぼくの両肩にクラブを合わせます。その位置に保ったままのクラブが向いている方向を、ぼくに後方から確かめさせるのです。なんと、右の林の方向を向いているではありませんか。そのまま打てば、林に一直線です。多くの人が、自分ではわからないままに、地形に影響されて構えが狂っているのだそうです。

我がコーチから教わったラウンド術は身につきます。「状況証拠」が付随した情報は長期記憶になり、忘れないのです。

第3章
ゴルフの恵みを味わい尽くす

15番
ホール

ウマが合うゴルフ仲間と徹底的に交流する

マッチプレーが絆を深める

ゴルフと言えば、誕生してから300年以上にわたって、マッチプレーのことでした。セントアンドルーズ・オールドコースにおいて、初めてストロークプレーによる競技会が行なわれたのは1759年のことです。ストロークプレーは、参加者が多い競技会を効率よく運営するために始まったものです。

スコットランドのゴルファーは、ハンディキャップ取得のために年に数回はストロークプレーによる競技会（メダルプレーと呼ばれる）に出場しています。しかし、仲間内でラウンドするときは、だれもが「フォアボール」か「フォアサム」と呼ばれるマッチプレーをしています。スコアカードを持ち歩いている人は皆無で、1アップだとか1ダウンだとか口にする人もいません。勝負の進行は頭のなかでちゃんとわかっているのです。

彼の地では、ストロークプレーは「カード&ペンシル」ゲームとも呼ばれます。スコアを鉛筆でカードに書き込む面倒な作業を強いられるからです。

　1744年に成文化された「13カ条のルール」では、対戦相手のことを「敵」（Adversary）と呼んでいます。敵味方に分かれて、まるで果たし合いのような勝負をしていたのです。ノースベリックで行われたトム・モリス親子とパーク兄弟の対戦は、ゴルフ史上に残る名試合と言われていますが、このとき観衆は敵味方に分かれて、応援合戦を繰り広げました。この名試合でプレーされたのは、各組がひとつのボールを交互に打つフォアサムでした。

　昨今のゴルフ競技はプロの試合であれアマチュアの試合であれ、競技日程や出

ガランGCで、友人のデービッド（左から2人目）と彼の仲間たちとフォアボールをプレー。今年79歳のデービッドは今もシングルゴルファー（ベストハンディキャップ0）

場選手数の面で自由度が高く、また、対戦相手の組み合せによる運不運がないストロークプレーが主流になっています。勝ち抜き戦となるマッチプレー方式では、参加競技者が増加すれば、決着をつけるのに長い時間がかかるからです。たとえば、世界ランキングの上位64人の選手が招待されるアクセンチュア・マッチプレー選手権で優勝するには6試合連続で勝つ必要があります。

日本では、マッチプレーという古い歴史を持つ試合形式が忘れ去られています。マッチプレーが唯一生き残っているのはクラブ選手権です。ストロークプレーでの予選を通過した上位16人が、1回戦、2回戦、準決勝、決勝を戦い抜きます。しかし、クラブ選手権に出場してマッチプレーをするのはわずか16人なのです。

ゴルフの本来の愉しさは、マッチプレーにあります。マッチプレーの愉しさが知られていないのはもったいないことです。ぜひ一度、親しいゴルフ仲間4人でフォアボールをプレーしてみてください。きっと病み付きになるはずです。

日本でもマッチプレーを愉しむようになった

スコットランドでマッチプレーの愉しさを知ったぼくは、日本でも定期的にマッチプレーをする機会をつくりたいと思うようになり、いくつかのマッチプレーを愉しむ会を立ち上げました。そのひとつについて詳しくお話しします。

2006年9月、ウマの合うゴルフ友だち5人に声を掛けて、毎月第2木曜日に開催する「二木会《もくもくかい》」を立ち上げました。「黙々と精進する」という意味合いを込めた命名です。

第1回の開催に先立って作成した設立趣意書を読み直すと、「ゴルフ哲学を共にする同志が、定期的に集い、ゲームを愉しみ、語り合い、励まし合い、もって豊かなゴルフ人生を全うする」と記されています。

設立趣意書に、会員資格として次の6項目（ちょっとえらそうですが）を挙げました。

1　ジェントルマンたること。
2　ゴルフを心から愛していること。
3　ゴルフ上達を願って研鑽《けんさん》を怠らないこと。
4「ゲームを愉しむ」ことを第一義とすること。
5　第二の人生を謳歌していること。
6　当会への出席を優先できること。

会員の数を増やすつもりはありませんでした。大げさに言えば、ゴルフ哲学を共有する同志を募って発足したからです。この会は、ゴルフ人生を全うするための共同体なのです。

それでも、少しずつ仲間の数が増えて、現在は夫婦4組を含んだ14人です。

出席者の数に合わせて、「シングル」「スリーボール」「ベストボール」「フォアボール」のいずれかをプレーしています。

マッチプレーには6種類あり、「ゴルフ規則」で次のように定義されています（スリーサムとフォアサムはスコットランドではプレーが早いので好まれていますが、日本のゴルフ環境では、実際的ではありません）。

シングル　　：1人対1人で競うマッチを言う。

スリーサム　：1人対2人で競うマッチを言う。両サイドともそれぞれ1つの球をプレーする。

フォアサム　：2人対2人で競うマッチを言う。両サイドともそれぞれ1つの球をプレーする。

スリーボール：3人が互いに対抗し、それぞれ自分の球をプレーするマッチプレー競技を言う。各プレーヤーは2つの別のマッチを同時に行うことになる。

ベストボール：1人対2人で行い、2人のうちの良いほうのスコア（または3人のうちの最もよいスコア）で競うマッチを言う。
フォアボール：2人のうちのよいほうのスコア対他の2人のうちのよいほうのスコアで競うマッチを言う。

気心の知れた仲間と丁々発止《ちょうちょうはっし》のマッチプレーをするのはなんとも愉しいものです。回を重ねるごとに愉しさが増します。マッチプレーでは、大叩きをしたりすればコンシードをする（そのホールの負けを認める）ので進行が早く気持ちがよいのです。平日のプレーでコースが空いているときは、3時間半ほどで18ホールのプレーを終えることができます。

マッチプレーで勝利するためには、パートナーとの息の合ったプレーが欠かせません。一緒にパットのラインを読んだり、声を掛け合ったりします。

マッチプレーでは、同伴している競技者全員が実力を発揮してこそゲームが盛り上がって愉しいのです。ここがストロークプレーと決定的に異なるところです。自分だけがよいプレーをしても愉しくないのです。マッチプレーで対戦する相手は、「敵」であると同時に、ゲームを盛り上げる「同志」でもあるのです。

ときには、1対2の「ベストボール」をプレーすることがあります。1人が上級者で、2人が中級者の組み合せのときです。ところが、1人で2人を相手にするのはなんともつらいのです。対戦相手の2人は、仲よく話をしたり、作戦を練ったり、声を掛け合ったりしています。一方、上級者はひとりぼっちの悲哀を味わいます。1人で2人を相手にすれば、パートナーのありがたみがわかるのです。

ストロークプレーでは、1ホールで大叩きをすればその日のラウンドは台無しです。ラウンドの冒頭で大叩きをすれば、惨めな一日になります。その点、マッチプレーでは、あるホールで大叩きをしても、気持ちを切り替えて次のホールで頑張ればよいのです。ホールごとに真剣勝負をするマッチプレーの愉しさは格別です。勝負が思わぬ展開を見せるのがたまりません。負けそうになっていたホールで勝ったり、勝てそうだと思ったホールで負けたりするなど、1ホールごとに勝負の綾があってなんとも興が尽きません。

マッチプレーには、いつ逆転が起きてもおかしくない変化に富んだコースが適しています。フェアウェイが広くて平坦なコースではマッチプレーはあまり盛り上がりません。マッチプレーでは、勝敗を決する微妙な作戦や駆け引きがあるので、だれもが勝負師に変身します。勝負に負けると「悔しい！」と何度も口にする人がいます。その悔しさをバネにして精進するのです。

不甲斐ないプレーをすると、組んでいるパートナーに申し訳ないという気持ちになります。これが、大いなる励みになります。もっと腕を磨いて、名誉挽回しようと心に誓うのです。

力量を均衡させてこそゲームは愉しい

マッチプレーにおいて、一方的なゲーム展開になれば興覚めです。ゲームが白熱しなければ、勝ったとしても充実感はありません。競い合ってこそ緊張感が続き、盛り上がって愉しいのです。

そこで大事なのが、ハンディキャップです。二木会では、年初に、自分の公式ハンディキャップを基にして、その年のハンディキャップを自己申告します。公式ハンディキャップどおりの申告をする人もあれば、辛めのハンディキャップを申告する人もいます。9であったハンディキャップが2つ下がって11になっても、シングルゴルファーへの復帰を目標にして、ハンディキャップ9で申告する人もいます。

ここで、スコットランド流のマッチプレーでのハンディキャップの決め方を説明しましょう。

4人でフォアボールをプレーするとして、Aさん、Bさん、Cさん、Dさんのハンディキャップがそれぞれ9、12、18、21であったとします。まず、ハンディキャップが一番少ないAさんが「ロウマン」(Low Man) です。ロウマンと各人のハンディキャップの差の

4分の3の数のホールで、1打の優位が与えられます。すなわち、Bさん、Cさん、Dさんは、それぞれ2つ、7つ、9つのホールで、自分のスコアから1打を差し引くことができます。

スコアカードには、「ハンディキャップナンバー」という欄があり、1~18までの数字が並んでいます。多くのクラブのスコアカードでは、ハンディキャップナンバーは「HDCP」と略されています。

Bさんはハンディキャップナンバーが1~2、Cさんは同じく1~7、Dさんは同じく1~9のホールにおいて、自分のスコアから1打を差し引くことができます。こうすることによって、4人の力量が均衡します。スタートする前に、各人が1打を差し引くことができるホールのスコア欄に○を付けておくようにします。

このハンディキャップナンバーは、ホールの難易度を表していると誤解されています。「どうしてこのホールがハンディキャップナンバー1なのだろう、こちらのホールのほうが長くて難しいのに」などと疑問に思う人が多いのです。実は、ハンディキャップナンバーは、英語では「ストロークインデックス」(Stroke Index)であり、この言葉は索引とか指針という意味であって、決して難易度を表すものではありません。ハンディキャップナンバーとは、マッチプレーやステーブルフォードなどの競技において、ハンディキャップを合理的に生かすために、適切に配置されたものなのです。

マッチプレーをしていると、ゴルフには「目的」と「目標」があるとわかります。ゴルフの目的は愉しむことです。一方でゴルフの目標は勝つことです。真剣に勝とうとしてこそマッチプレーは盛り上がるのです。15番ホール辺りで勝負が決着すれば、残りのホールはなんとも味気ないものになります。

18番ホールまでもつれ込んでこそ白熱のマッチプレーを堪能できます。白熱のマッチプレーをして、勝負がつかないまま18番ホールのティーグラウンドに立てば、「よくぞ、ここまで戦ってきた」という気分になります。勝負が決まる最後のパットを、固唾《かたず》をのんで見守るのです。パットがカップに沈めば大歓声、惜しくも外せばため息！　白熱したゲームの興奮さめやらぬなかで、帽子をとり、にこやかに握手を交わして互いの健闘を称《たた》えます。18番グリーンは、ゴルフの醍醐味を味わうための舞台です。

二木会では、最近、前のホールで勝った組が乗用カートの前席（オナー席）に座る権利を得ることにしました。なんとかオナー席に座り続けようとして努力します。ゴルフをしていると心が子供のころに戻るのです。

二木会では、負ければ１０００円、引き分ければ５００円を拠出します。拠出金は貯めておいて忘年会の費用に充当します。

さらに加えて、ポイント制があり、ゲームに勝てば2点、引き分ければ1点のポイントが与えられます。1年間に獲得したポイントに基づいて、忘年会の席でMVP、準MVP、準々MVPを表彰します。1年間の拠出金のなかから捻出したわずかばかりの表彰金が出るだけなのに、MVPの栄誉に輝けば、惜しみない拍手のなかで、だれもがなんとも言えない嬉しそうな顔をします。

19番ホールで盛り上がる

ストロークプレーの競技会での反省会や表彰式は、多くの場合、通り一遍で盛り上がりに欠けます。軽く飲食をして成績発表と表彰が終わりしだい解散します。定期的に集っていても、ストロークプレーをしているだけでは、絆を深めることは難しいのです。

競技会の表彰式で、「パートナーに恵まれて……」という決まり文句をよく耳にします。しかし、ストロークプレーで一緒に回るのはパートナーではなくて、順位を争っている同伴競技者（敵）です。「与《くみ》しやすい敵に恵まれた」とは、いくらなんでも敗者に対して失礼です。

英語でパートナーと言えば配偶者のことです。人生を共にするからこそパートナーなのです。また、パートナーは共同経営者のことでもあります。共同して経営にあたり、損も得も分け合うのです。社交ダンスで一緒に踊る相手もパートナーです。パートナーに当てる日本語としては「相棒」がぴったりきます。

二木会では、プレーを終えたあとの入浴中にも、前後の組を交えて大いに盛り上がります。なんといっても、一番の話題は、だれかの思わぬ大活躍です。実力以上に活躍した人は大いに賞賛されます。大逆転でもあれば、大いに沸きます。「あの1打をバンカーに入れなければ」とか、「あのパットを入れておけば」などという悔しい話にも耳を傾けるのです。勝ち負けの経緯がはっきりしているからこそ、プレーを振り返って話が盛り上がります。

プレー後の反省会での話題は、プレー中の出来事にとどまらず、政治、経済、世相、家族、健康など広範囲にわたり、尽きることがありません。ウマが合う仲間同士だからこそ心を開いた話に花が咲くのです。

16番
ホール

四季折々の手作りゴルフ旅を愉しむ

ゴルフと四季の恵みをあわせて愉しむ

二木会では、年に3回、ゴルフ旅をしています。色々なゴルフ旅を試した結果、いつの間にか毎年、春爛漫、新緑、紅葉の季節に、決まった目的地に向かうようになりました。日本には世界にも稀な変化に富んだ素晴らしい四季があります。四季の変化を鋭敏にとらえる感受性は、日本文化を花開かせてきました。ところが、都市化が進んで季節の移ろいを実感しにくくなっています。そこで、ゴルフだけでなく、訪れた土地ならではの季節の恵みを丸ごと愉しむのです。

4月初旬、春爛漫のころ、兵庫県の丹波市にある「ひかみCC」へ日帰りで花見ゴルフの小さな旅をします。急峻な山に囲まれた谷間の地にある、中村寅吉プロが設計した素晴らしい林間コースで、10万本にも及ぶ松やヒノキや杉の高木が左右に立ち並ぶフェアウェイは壮観です。

コースの中央を、１本の川が貫いています。川に沿って進んだり、川を横切ったりすることが、ただでさえ難しい林間コースの戦略性を高めています。

この川の堤に、数百本のソメイヨシノが植えられています。14番パー４での勝負を終えて、満開の桜が咲き誇る川堤に至ると、茶店のかたわらに緋毛氈《ひもうせん》を敷いた床几台《しょうぎだい》が置いてあります。ここに腰かけると、桜葉に包まれたなんとも言えないよい香りがする桜餅と、塩漬けの桜が1輪浮いた桜茶が運ばれてきます。甘い桜餅とちょっと塩味がきいた桜茶がよく合うのです。茶碗の桜と周りの満開の桜が二重奏をかなでます。

花見ゴルフの定点観測写真。右端は、今年77歳でシングルの村上尚雄さん。72歳から7回のエージシュートを達成

何度も通って、桜餅がすっかり気に入ったので、製造元を尋ねると、地元の店だそうです。プレーのあとで、教えられた場所に行ってみると、小さな集落にある1軒の民家で、手づくりの桜餅と柏餅が少しだけ残っていました。桜餅もさることながら、柏餅のおいしいことに驚嘆！　翌年の花見ゴルフからは、プレーの前に桜餅と柏餅の予約をするようになったくらいです。

この地で満開の桜を愛でながらゴルフをするたびに、唐の詩人、劉廷芝《りゅうていし》の七言古詩の一節「年年歳歳、花相似たり、歳歳年年、人同じからず」が脳裏に浮かびます。

花見ゴルフは、愉しいだけでなく、人生のはかなさを思いつつ、相当の年代物となった我が身の扱いを加減しながら、長持ちさせたいと願う機会でもあります。

ゴルフと歴史と風土を丸ごと愉しむ

5月の中旬に、加賀(石川県)へ向かいます。

11時ぐらいの遅いスタートを予約しておいて、加賀温泉郷のほぼ中央にある加賀芙蓉CCで、18ホールをスルーでプレーします。白山連峰を仰ぎ見る緑あふれる丘陵地に展開する27ホールは、それぞれに個性派揃いで、谷越えや池越えなどの変化もあり、グリーンは速くて起伏に富んでいて、マッチプレーにふさわしいのです。

マッチプレーを終えて、宿の温泉でゆっくりしてから、迎えの車で橋立漁港の目前にある料亭「磯料理　山本屋」に向かいます。天然トラフグを堪能するためです。

初めて天然トラフグ目当てに「磯料理　山本屋」を訪れたとき、最初に出された1皿に度肝を抜かれました。見たこともない立派な白子焼きがでんと鎮座しています！　おかみさんに、なぜ最初の1皿が白子なのかと尋ねると、「美味しいものから食べてほしい」との返事です。食べ始めたとたん、全員から期せずして嘆声！　世のなかにこんな美味しいものがあるとは知りませんでした。

5月が天然トラフグの旬だと聞いて、最初は半信半疑でした。トラフグの旬は冬だとばかり思っていたからです。ところが、白子を食する目的からすれば、産卵期を迎えてオスのトラフグの白子がぱんぱんに張る4～5月が旬なのです。産卵の季節が終わる5月末には、白子は溶けてしまうのだそうです。

「磯料理　山本屋」で最初に出される白子焼き

そもそも天然トラフグのことを知ったのは、2回目の加賀へのゴルフ旅でズワイガニを味わうために再び「磯料理　山本屋」を訪れたときでした。おかみさんが、5月には産卵のために回遊してきたトラフグが沖の定置網にかかるという話をしてくれたのです。
それまでは、新緑の季節には、あちらこちらを訪ねていました。しかし、天然トラフグの美味を知ってからは、5月と11月のゴルフ旅の行く先は、加賀の地に定まったのです。

毎年、11月6日にズワイガニ漁が解禁になるやいなや、加賀へ向かいます。同じく加賀芙蓉CCでプレーしたあと、温泉でゆっくりしてから、迎えの車で橋立漁港に向かうのです。水揚げされたばかりの「橋立ズワイガニ」がお目当てです。

調理を始める前におかみさんが、大きなズワイガニを両手で抱えて見せてくれます。「石川橋立港」のタグがついた「一番蟹」（その日の浜に上がった一番いい蟹）です。

ズワイガニのフルコースはなんとも贅沢なものです。氷で締めたカニの刺身から始まり、焼きガニ、ゆでガニと続きます。焼きガニを食べたあと、甲羅に日本酒を注いで飲めば甘露！　甘露！　最後に、カニの身がたっぷり入った雑炊が供されます。満腹だと思っていても、不思議とお腹に収まります。

1泊2日のゴルフ旅なら、2日間にわたってゴルフをする人が多いはずです。しかし、二木会では、2日目は訪れた先の歴史と風土を丸ごと愉しむことにしています。

加賀と越前には、多くの温泉があるだけでなく、山側にも海沿いにも、歴史ある城下町や港町、神社仏閣などの見どころがたくさんあります。曹洞宗大本山の永平寺、一乗谷朝倉氏遺跡、北前船の寄港地として繁栄を極めた三国湊、湧水が至る所にある城下町の越前大野など枚挙にいとまがありません。

名所旧跡を訪ねながら、5月の旅では新緑、11月の旅では紅葉を愉しみます。

加賀へのゴルフ旅の最後のお目当ては「越前そば」です。よく知られた名店は、いずれも辺鄙《へんぴ》な場所にあります。お目当てのそば屋へ向かって山間《やまあい》の村々を抜けて行くのは一興です。少し太めのそばに、カツオ節をのせて、辛み大根を入れたツユをかけて食べます。前の日に美味しいものをたらふく食べたあとだけに、さっぱりした越前そばがなんとも好ましいのです。

ゴルフに加えて、歴史と風土を丸ごと愉しむ手作りの旅を始めてから4年がたちました。同じ地域を繰り返し訪れて、そのたびに新しい発見があり、より一層深く愉しめるのは、食文化と歴史と風土に恵まれた石川県と福井県ならではのことです。

17番
ホール

600年に及ぶゴルフの歴史を探訪する

ゴルフも海から生まれた

氷河期には、スコットランドの大地は、1200メートルにも及ぶとてつもなく厚い氷で覆われていました。氷河がゆっくりと滑り下りながら削り取った山肌は、砂礫《されき》や砂となって海に運ばれ、海底に厚く堆積したのです。

スコットランドの山々は、氷河で削られたために、どこへ行ってもお椀を伏せたような形状で、岩肌が露出しています。

約1万年前に氷河期が終わるとともに、厚い氷の重圧から解放された大地は隆起しました。このとき、海底に堆積していた厚い砂の層が地上に姿を現したのです。そこに海からの強風が吹きつけて砂を動かして、起伏に富んだ広大な砂丘地帯が形成され、さらには長い時間をかけて、灌木や野生の芝草が生い茂って「リンクスランド」（Linksland）が生まれました。

マクリハニッシュ・デューンズ（P232の⑰）の14番パー3。
自然保護区にあるため、地形変更はもちろんフェアウェイとグリーン以外の草刈りも禁止。

海と農地の間にあって、長く見捨てられていた広大な不毛の地であるリンクスランドが、ゴルフの誕生と普及に大いに貢献したのです。リンクスランドがあったればこそ、長い距離を打球棒で打ち進むゲームが生まれたのです。

リンクスランドの地形に手を加えることなくあるがままの状態で、フェアウェイとグリーンにあたる場所の芝草だけを短く刈って作ったコースがあとで詳述する「リンクス」（Links）です。

ゴルフの起源については諸説があります。一説によれば、ゴルフの源流は、古代ローマのパガニカ（Paganica）と呼ばれる、曲がった棒で羊毛や羽毛を詰めたボールを打つゲームだとされます。古代ローマ帝国が領土を広げるとともに、パガニカが欧州各地に伝わったのです。北部フランスなどでは、遠く離れたところにある教会のドアや立木、地面に立てられた柱を目標に、打球棒で木製のボールを打ち進むコール（Chole）と呼ばれる球戯が盛んにプレーされていました。

目標に向かって打球棒でボールを打ち進む競技の原型は、大陸からもたらされたようです。ただ、大陸から伝わってきたゴルフの原型は、海と農地の間にあって長く見捨てられていたリンクスランドという広大な不毛の土地があったればこそ、長い距離を打ち進んで、ボールを地面に切った小さな穴に沈めるという競技（リンクスゴルフ）に進化したのです。

ゴルフの創生期に、ゴルファーが地面に切られた小さな穴を目標にしてプレーしていたのかどうかは判然としません。地面に立てた棒を目標にプレーしていた可能性も残るのです。1687年に書かれたある貴族の日記に、「ボールをカップに沈める」という記述があります。ゴルフが、ボールをカップに沈める球戯だと確認された最古の文書です。

1850年代に馬に引かせる芝刈り機が発明されるまで、リンクスランドを覆う長い芝草はサイズ（Scythe）と呼ばれる長柄の大鎌で刈られていました。人手がかかるので必要最小限の範囲しか刈らなかったのです。刈らずに残されたところがラフです。

英和辞典を引くと、ラフ（Rough）とは「フェアウェイの両側の草を刈り込んでいないところ」と書いてあります。言葉の原義からすると、刈ってしまえばラフではないのです。現在でも、リンクスのフェアウェイの両側は、手つかずの原野です。

「元来、フェアウェイとは川や海の「航路」のことであり、転じてゴルフコースの草が短く刈られた部分を意味するようになりました。リンクスで一度でもプレーすれば、なぜ航海用語がゴルフにとり入れられたかがわかります。川や海の航路を外れると難破しかねません。リンクスでも、フェアウェイを一歩外れると、まさに難破しかねないのです。航路を外れないように進むのがゴルフの本義です。

19世紀に描かれたゴルフの絵画を見れば、バンカーは芝地が大きく破れた荒地

住民わずか125人のアイオナ島にあるアイオナゴルフコースの3番パー3。
グリーン手前にある大きく口を開けた野生のバンカーは牛の踏み跡だらけ

であり、フェアウェイの両側は長い草と灌木に覆われた原野です。このような原初のコースは、ヘブリディーズ諸島やオークニー諸島、シェトランド諸島などの辺境の地に、今でも実在します。グリーンキーパーは、牛と羊とウサギです。

歴史を知ればゴルフはもっと愉しい

スコットランドには、ゴルフの歴史を語るときに欠かせない古《いにしえ》のリンクスが昔の姿のままで残っていて、今でもプレーすることができます。ゴルフの歴史を実地探訪できるのです。プレーをしながらゴルフの歴史の足跡をたどれば、知的好奇心が満たされなんとも愉しいのです。

ゴルフは、15世紀初めにスコットランドにおいて誕生し、度々のゴルフ禁止令にもかかわらず燎原《りょうげん》の火のごとく広がっていきました。

１４２４年、ジェームズ１世はフットボールの禁止令を出します。当時のフットボールは、現代のサッカーやラグビーとは似ても似つかぬものです。大集団がもみくちゃになってボールを町はずれに置いてある柱に向かってしゃにむに運ぶ格闘技でした。

１４５７年、今度は、ジェームズ２世がフットボールとゴルフの禁止令を出します。このときはフットボールだけでなく、ゴルフが含まれていたことから、２つの禁止令をはさむ33年の間に、ゴルフの人気が大いに高まったと考えられています。

当時、イングランドとの戦争に明け暮れていたスコットランド王にとって、兵士が弓術訓練を怠けてフットボールやゴルフにうつつを抜かしていたのがよほど目に余ったのです。フットボールもゴルフも弓の訓練も、リンクスランドで行われていました。

この後、1471年にジェームズ3世が、1491年にはジェームズ4世が、再びゴルフとフットボールの禁止令を出します。度重なる禁止令が出るほど、ゴルフ人気は沸騰していたのです。

ゴルフ禁止令の対象となったゴルファーたちがプレーしていた場所は、エディンバラ城からフォース湾へ向かって4キロほど北西に下った海岸にあるリンクスランドであったと考えられています。このリンクスランドに、後に、「リース・リンクス」という5ホール、全長2221ヤードのパブリックコースがつくられました。ちなみに、このコースは世界最古のコースと言われています。

ゴルフ史を実地探訪する

このリース・リンクスで一緒にプレーしたあとで、いつも近くのタバーン（居酒屋）に集まっていたゴルフ仲間が、1744年に至って「ジェントルメン・ゴルファーズ・オブ・リース」を結成し、世界初のゴルフ競技会を開催したのです。この競技会のために作成されたのが、「ホールから1クラブ以内でボールをティーアップしなければならない」という第1条から始まる、世界最古の13カ条からなるゴルフ規則です。この13カ条が現代のゴルフ規則の源流です。

この第1条によれば、グリーンはティーグラウンドを兼ねていたことがわかります。というより、ティーグラウンドもグリーンも存在しなかったのです。長い芝草を長柄の大鎌で短く刈っただけのフェアウェイの先端部に、小さな穴を掘っただけなのです。

このリース・リンクスは、1888年、都市開発のために姿を消しました。

10年ほど前に、リース・リンクスの記念碑があると知って訪ねたことがあります。リース港にほど近い公園の一角に、記念碑が置かれ、1774年当時の5ホールのレイアウトを刻んだ銘板がはめ込まれていました。この銘板を見たあとで周りを眺めると、古のゴルファーたちの姿が目に浮かぶ感じがします。

1768年に至って、「ジェントルメン・ゴルファーズ・オブ・リース」は、「ゴルフハウス」と名付けたクラブハウスをリース・リンクスの1番ホールの脇に新築するとともに、「ジ・オノラブルカンパニー・オブ・エディンバラゴルファーズ」（以下「オノラブルカンパニー」と略）と改名します。

リース・リンクスが軍隊の駐屯地に使われて荒廃したため、１８３６年、オノラブルカンパニーは、ホームコースをエディンバラ東郊にある9ホールの「マッセルバラ・リンクス」に移します。このマッセルバラ・リンクスは現存しており、今でもふらりと訪れてプレーすることが可能です。

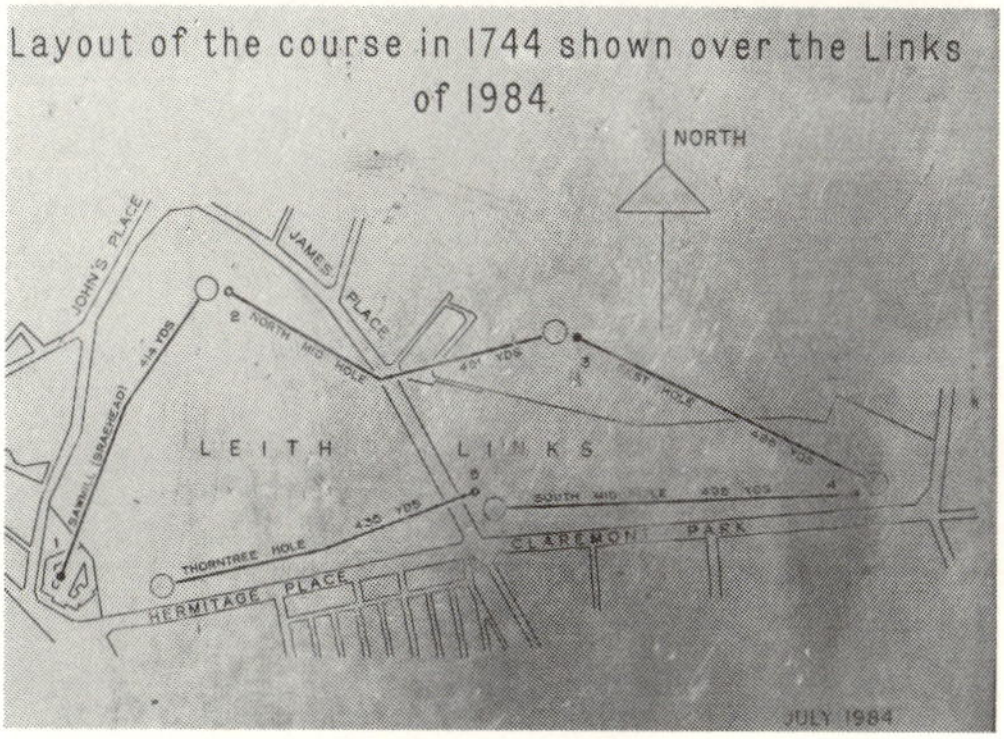

上：リース・リンクスの跡地に立つ記念碑
下：記念碑にはめ込まれたコースレイアウト

マッセルバラ・リンクスは、１８７４年以来、6回にわたってジ・オープン（全英オープン）を開催した歴史的なコースです。ここでプレーすれば、かつてこの地で繰り広げられた数々のドラマを偲ぶことができます。また、多くの人が訪れる華やかな名門コースには見られない、なにか心惹かれる情景を味わうことができます。

マッセルバラ・リンクスの入り口に面して、かつて、ここをホームコースにしていた「バージェス・ゴルフィングソサイエティ」のクラブハウスであった石造りの建物があります。この建物の外壁に、ゴルフ史上有名なマッセルバラ出身のオープンチャンピオンであるボブ・ファーガソン、マンゴ・パーク、ウイリー・パーク・シニア、ウイリー・パーク・ジュニア、デービッド・ブラウンを称える銘板がはめ込まれています。5人の英雄の顔のレリーフを見ていると、この地で繰り広げられた数々の熱戦を想像して感慨

5人のジ・オープンチャンピオンの顔のレリーフの前に立つ筆者（2003年）

無量です。

カップの直径が4・25インチと決まったのは、1892年に、マッセルバラ・リンクスにおいて、水道管の切れ端を使った史上初の「ホールカッター」が使われたからです。水道管の直径がたまたま4・25インチだったのです。1893年に至って、ゴルフの総本山である「R&A」（ザ・ロイヤル・エンシェント・ゴルフクラブ・オブ・セントアンドルーズ）はカップの直径を4・25インチとすることを公式に定めました。

マッセルバラ・リンクスが混雑してきたので、オノラブルカンパニーは、ついに自分たちだけのコースを持つことに決めます。そして、ガランという小さな街の外れにあるリンクスランドに目を付けて土地を購入し、1891年、「ミュアフィールド」と名付けた18ホールのコースを開場したのです。

リース・リンクスの記念碑を見学して、マッセルバラ・リンクスで9ホールをプレーして、さらに、ミュアフィールドでプレーすれば、ゴルフの歴史を実地に堪能できます。

その足で、もう1カ所ぜひ立ち寄ってほしいコースがあります。1860年に記念すべき第1回ジ・オープンを開催したプレストウィックです。ジ・オープンは、プレストウィックにおいて、第1回から第12回まで連続して開催され、その後、セントアンドルーズ、ミュアフィールド、マッセルバラなどと持ち回り開催になってからも12回、合わせて24回も開催されました。ところが、増加した観客を収容する余裕がないために、1925年の開催を最後に、この地でジ・オープンは開催されなくなりました。

東の歴史的名門コースがミュアフィールドであり、西の歴史的名門コースがプレストウィックです。プレストウィックは、150年前の姿を残しています。様々な逸話に彩られたゴルフの歴史を語るのに欠かせないコースです。

史上初のゴルフ国際試合に思いを馳せる

10年ほど前に、スコットランドのエディンバラ城からホリールードハウス宮殿に向かって伸びる「ロイヤルマイル」と呼ばれる中世の面影が残る中心街を歩きながら、1681年に行われたゴルフ史上初の国際試合（スコットランド対イングランド）を記念する銘板を探し回ったことがあります。「FAR AND SURE」（遠くへ、そして正確に）というモットーを刻んだ銘板です。キャノンゲート街77番地にあるみすぼらしい建物の正面外壁の右端にひっそりと掲げてある、320年の時を刻んだ銘板をやっと見つけました。

スコットランド出身のヨーク公爵（後のジェームズ2世）と、イングランドの貴族2人の間でゴルフの起源を巡る論争があり、ゴルフの試合で決着をつけることになりました。ヨーク公爵は、靴職人のジョン・パターソンと組んで、この大勝負に勝利します。

ヨーク公爵は気前よく巨額の賭け金をパターソンに与えました。もらった賭け金でパターソンが建てた「ゴルファーズランド」と名付けた集合住宅の正面に、ヨーク公爵は自分が考案したこの銘板を掲げさせたのです。17世紀の古建築は1960年に取り壊されて現存しません。しかし、この銘板の複製が、建て替えられた建物の外壁に残されたのです。古のゴルファーの夢と理想を後世に伝えるためでしょう。

ゴルフ史上最も有名なモットー「FAR AND SURE」を刻んだ銘板

この国際試合の詳細は明らかではありません。イギリスでは今も盛んなフォアサムをプレーしたのだと推測できます。ヨーク公爵がゴルフのモットーを刻んだ銘板をあえて贈ったことからすれば、バンカーや深い原野のラフを避けて真っすぐ遠くへ飛ばすパターソンの妙技に、よほど感じ入ったのでしょう。

ヨーク公爵が銘板に刻んだモットーは、いつの時代のゴルファーにとっても見果てぬ夢です。

いざゴルフの聖地へ

セントアンドルーズの市街地に隣接しているイーデン河口に角のように突き出した273ヘクタールもある広大なリンクスランドを、オールドコースをはじめとする6つのリンクスがびっしりと埋めています。6つのコースへの来場者は年間22万人にも上ります。「ゴルフの聖地」は集客数においても抜きん出た存在です。

世界中から押しかけるゴルファーに対応するために、運営主体のセントアンドルーズ・トラストは、2008年、数キロ離れた海に面した広大な農地を購入して「キャッスルコース」と名付けた新しい7番目のコースを開業したくらいです。

ゴルフ史上初の13カ条のゴルフ規則をつくったのは、先述したように、1744年に発足したオノラブルカンパニーです。それから10年遅れて、R&Aが発足しました。

なぜ10年も遅く発足したR&Aが、その後のゴルフ界の主導権を握り、そのホームコースであるオールドコースが「ゴルフの聖地」となったのでしょうか。

ひとつの理由は、オールドコースが、早くも1764年に、18ホールの原型を確立したからです。オールドコースでは、当初、直線状に配置された12ホールを往復して22ホールとしてプレーされていました。1764年に至って10ホールとなり、同じく往復して18ホールでプレーされるようになりました。1858年、ひとつのグリーンに2つのホールを切ってダブルグリーンとすることによって、ホール数は現状の18となったのです。その後、他のコースがセントアンドルーズに倣ったので、18ホールが事実上の標準になりました。

一方、オノラブルカンパニーは、18ホールが標準とされたにもかかわらず、9ホールのマッセルバラ・リンクスをホームコースとしていました。18ホールのミュアフィールドに引っ越したのは1891年になってからのことです。

セントアンドルーズのリンクスランドはかつて、この地を治める大司教の所領でした。1552年、大司教がこのリンクスランドを市民が自由に使うことを許したという記録が残っています。今でも、一般の人がコースのなかを歩き回ることが許されているのはそのためです。コース内に立ち入って、プレーしている人を眺めたり、プレーの邪魔にならないようにして、記念写真を撮ったりすることもできます。

ゴルフ博物館に立ち寄ったり、18番ホールでプレーしている人を眺めたりするのは愉しいものです。街はずれにある大聖堂の塔に上れば、セントアンドルーズの街とリンクスを見下ろすことができます。大聖堂に隣接した墓地には、トム・モリス親子が葬られています。オールド・トム・モリスは稀代のゴルファーであるだけでなく、コース設計者としても大きな足跡を残しました。長男のヤング・トム・モリスは、4年連続してジ・オープンを制したあと21歳で夭折《ようせつ》した天才ゴルファーです。この記録は未だ破られていません。

だれでも初めてオールドコースの1番ホールのティーグラウンドに立てば緊張します。オールドコースは「ゴルフの聖地」として崇められているからです。オールドコースには様々に語り継がれてき

セントアンドルーズ・オールドコース18番ホールにある、
スウィルカン橋からR＆Aの風格あるクラブハウスを遠望

た名勝負が神話となって宿っているのです。

オールドコースでのプレーを予約するのは困難です。ただ、前日までにバロット（抽選）に申し込みをする方法があります。その日の午後2時に発表される抽選に当たっていればプレーすることができます。

抽選に外れてもまだ可能性はあります。朝早くスタートハウスに行って並べばよいのです。早起きが苦にならないのであれば、しかも、3人組や2人組のなかに入れてもらって回るのが嫌でなければ、朝早い時間に行って並べばプレーすることができます。

たとえオールドコースでプレーできなくても、コースのなかをプレーの邪魔にならないように注意しながら、トーナメントを観戦するかのように歩き回れば、ゴルフの歴史を味わった気分になります。

18番
ホール

リンクスでプレーせずして死ぬなかれ

世界遺産と呼んでもよい150カ所のリンクス

イギリスやアイルランドの海岸地帯に約150カ所の真正のリンクスがあります。世界中に約3万2000カ所あるゴルフコースの0・5%にすぎないリンクスは、世界遺産と言ってもよい貴重な存在です。

ぼくは、1997年以来、14回にわたってリンクスを訪ねる旅を続けてきました。イギリスやアイルランドの名の通ったリンクスはもちろん、あまり知られていない僻地のリンクス、そして、イギリス本土からはるかに離れた辺境の島々にあるリンクスも歴訪してきました。

2011年には、スコットランドの北端からフェリーに8回も乗り換え、オークニー諸島とシェトランド諸島にある北限のリンクスを巡りました。

今年は、ロンドンからイングランド東海岸に沿って北上しながら北海に面した6カ所のリンクスを歴訪したあと、スコットランド西海岸にあるキンタイア半島の先端まで足を延ばして、さらに3カ所のリンクスでプレー。そのひとつ、マクリハニッシュは、初めてのリンクス旅で3回もラウンドした思い出深いコースです。大西洋を前にして、15年ぶりに「砲台」と呼ばれる1番ホールのティーグラウンドに立ったときは感慨無量！（P238の写真参照）。

これで、イギリスとアイルランドを隅から隅まで巡って、ぼくのリンクス巡礼はひとまず結願《けちがん》です。

これまでに訪れたリンクスは110カ所以上。そのなかから45カ所のおすすめのリンクスを選んでみました（P232〜237参照）。ラウンドをしながら神の造形に胸打たれる思いがしたリンクスです。

45カ所のなかには、10カ所の「島リンクス」が含まれています。

ぜひ、この島リンクスを体験してほしいのです。時空を超えて原初のゴルフを愉しむことができます。大海原から吹き寄せる新鮮な風に身を任せて、野趣に富んだ島リンクスでプレーすれば、はるばるやって来てよかった、生きていてよかった、という思いが心の底から湧きあがってきます。長い人生でも、こんな思いができる機会はめったにありません。

山口信吾選：おすすめのリンクス45コース

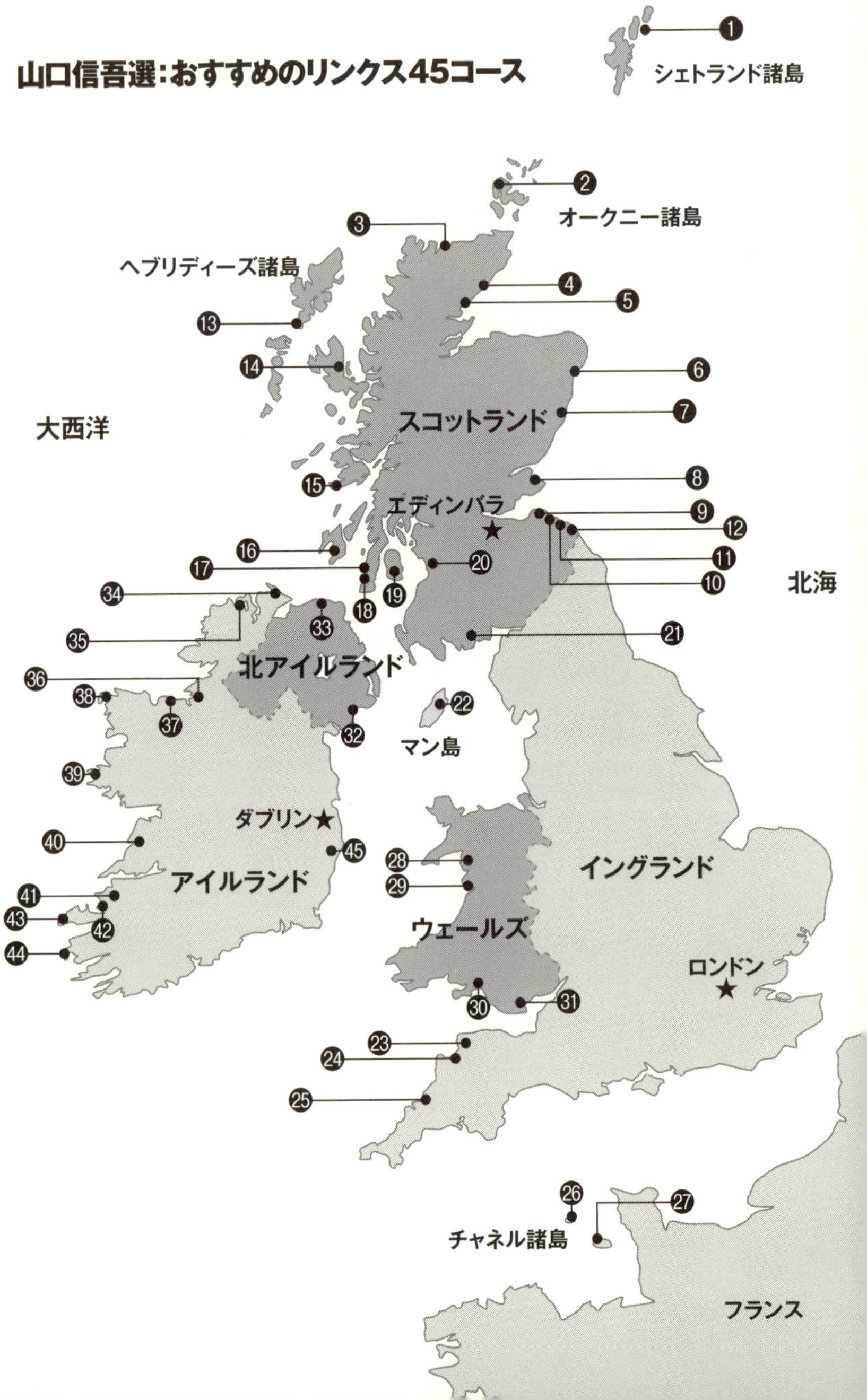

❶ウォールシ Whalsay S

シェトランド諸島のひとつ、ウォールシ島の北端の岬を丸ごと専有する忘れがたいリンクス。切り立った崖に接したホールが続く。(18H、P71、グレーン・サンダーソン、1976年)

❷ストロムネス Stromness S

山と海に囲まれ、対岸には灯台、目前を船が行き交う。白球を追って丘を上り下りしながら絶景を眺めるのは大いなる贅沢。(18H、P65、ジョージ・スミス、1924年)

❸ダーネス Durness S

スコットランド本土の最北端にある珠玉の9ホール。フェアウェイは狭く難しい。絶景に見惚れている余裕はない。(9H、P35、地元民、1991年)

❹ブローラ Brora S

奥ハイランドにある山と海に抱かれたリンクス。放牧されている羊が威張っている。しみじみとした、なんとも言えない味わいがある。(18H、P69、ジェームズ・ブレード、1891年)

❺ロイヤル・ドーノック Royal Dornoch S

ハイランドの奥深く、ドーノック湾に面して起伏に富んだフェアウェイが続く。偉大な神の造形に心打たれる。(18H、P70、トム・モリス他、1877年)

❻クルーデンベイ Cruden Bay S

コースに一歩踏み込めば、比類のない雄大な砂丘に度肝を抜かれる。様々な地形を巧みに生かした個性的なホールが続く。(18H、P70、トム・モリス他、1899年)

❼ロイヤル・アバディーン Royal Aberdeen S

「ボール探しは5分まで」とするルールを創った1780年創立の名門クラブ。雄大な砂丘を縫って起伏に富んだフェアウェイが続く。(18H、P71、ジェームズ・ブレード他、1888年)

❽クレイル(バルコミー) Crail S

1786年創立の由緒あるゴルフクラブ。海に沿って弧を描くホールや海越えのホールがある。だれもが愉しめる居心地のよいリンクス。(18H、P69、トム・モリス、1895年)

❾ガラン(No.1コース) Gullane S

海抜50メートルのガランの丘を上ったり下ったりしながら、変化に富んだ18ホールを回る。フォース湾の絶景が愉しめる。(18H、P71、不詳、1884年)

※カッコ内は、ホール数、パーの計、設計者、開場年を示しています。
S=スコットランド　E=イングランド　W=ウェールズ　I=アイルランド　N=北アイルランド

⑩ミュアフィールド Muirfield S

13カ条のルールを創った世界最古のゴルフクラブ。最上質のリンクスと美味な午餐を併せて味わえるのはここだけ。(18H、P71、ハリー・コルト他、1891年)

⑪ノースベリック North Berwick S

石塀越えに斜めにグリーンを狙う13番パー4や、世界中で真似をされた「レダン」と呼ばれる15番パー3などの名物ホールがある。(18H、P71、不詳、1832年)

⑫ダンバー Dunbar S

マッチプレーにふさわしいリンクス。難易度が手ごろなうえに、小川が流れブラインドホールがあり、思わぬ展開がある。(18H、P71、トム・モリス、1856年)

⑬アイルオブハリス Isle of Harris S

山と海に抱かれた息をのむような絶景の地にある9ホール。白球を追いながら丘を上り下りしていれば至福の時間がすぎる。(9H、P34、フィンレイ・モリソン、1983年)

⑭アイルオブスカイ Isle of Skye S

スカイ島にある山と海に抱かれたなんとも美しいリンクス。スカルペイ島を結ぶフェリーを背景にプレーする。(9H、P33、フランク・デイトン、1986年)

⑮アイオナ Iona S

岩だらけの小さな島(キリスト教の聖地)に見事な18ホールが存在するとは信じられない! しかも、無料でプレーできる。(18H、P66、アラン・マクベス他、1886年)

⑯マクリー Machrie S

ウィスキー名産地、アイラ島にある野趣あふれるリンクス。眼前にそびえる砂丘越えのブラインドショットが続き勇気と想像力が試される。(18H、P71、ウィリー・キャンベル他、1891年)

⑰マクリハニッシュ・デューンズ Machrihanish Dunes S

起伏に富んだフェアウェイやうねるグリーンがどこまでも続く。9～4月には放たれた600頭の羊がラフの草を食む。(18H、P72、デービッド・マクレイ・キッド、2009年)

⑱マクリハニッシュ Machrihanish S

長大なキンタイア半島の先端にあるロマンチックな佇まいのリンクス。海を斜めに横切る劇的な幕開け(1番パーチ)は忘れられない体験。(18H、P70、トム・モリス、1876年)

⑲シスキン Shiskine　S

アラン島にある12ホールのリンクス。20メートルを打ち上げるパー3など比類のないホールで知られる。(12H、P42、ウィリー・ファーニー他、1896年)

⑳プレストウィック Prestwick　S

第1回全英オープンが開催された歴史的コース。3番パー5のフェアウェイど真ん中にある巨大なバンカーに度肝を抜かれる。(18H、P71、トム・モリス、1851年)

㉑サザネス Southerness　S

山と海に抱かれたスコットランド最南端の憂愁をたたえたリンクス。フェアウェイ両側に群生するヒースに打ち込めばロストボール確実。(18H、P69、マッケンジー・ロス、1947年)

㉒キャッスルタウン Castletown　E

アイリッシュ海に突き出した半島を占める雄大なリンクス。海を渡ってくる強風に翻弄される。忘れがたい2つの名物ホールがある。(18H、P72、トム・モリス他、1892年)

㉓ソーントン(イーストコース) Saunton　E

全英オープンの開催地にふさわしいと言われているチャンピオンコース。平坦に見えて小さな起伏が至るところにありなんとも手ごわい。(18H、P71、ハーバート・ファウラー、1897年)

㉔ロイヤル・ノースデボン Royal North Devon　E

イングランド最古の名門クラブとはいえ、牛と羊が同居する。背丈を超えるシーゴース(ウミハリエニシダ)の群落に度肝を抜かれる。(18H、P71、トム・モリス他、1864年)

㉕セントエノドック St Enodoc　E

コーンウォール半島にある変化に富んだ雄大なリンクス。6番パー4の目前にそびえる砂山の背後に隠されたグリーンを狙うのはスリル！(18H、P69、ジェームズ・ブレード、1891年)

㉖ロイヤル・ガーンジ Royal Guernsey　E

ガーンジ島にある1890年に設立された由緒あるゴルフクラブ。ナポレオンの侵略に備えた石造りの見張り塔が数百メートル置きに立つ。(18H、P70、マッケンジー・ロス、1949年)

㉗ラモイ La Moye　E

ジャージー・オープンが開催されていた海抜75メートルの高台にあるリンクス。遥かな海に向かって打ち下ろしていく。気持ちイイ！(18H、P72、ジェームズ・ブレード他、1902年)

※カッコ内は、ホール数、パーの計、設計者、開場年を示しています。
S=スコットランド　E=イングランド　W=ウェールズ　I=アイルランド　N=北アイルランド

㉘ロイヤル・セントデービッズ Royal St David's　W

切り立った崖と海との間に広がる広大なリンクス。断崖上には13世紀に遡るハーレック城がそびえ、遠くには霊峰スノードン山も見える。（18H、P69、ハロルド・フィンチハットン他、1894年）

㉙アバドービー Aberdovey　W

ウェールズ最深部のこの地では、今もウェールズ語が話されている。山が海に迫った狭い海岸の土地に見事なリンクスが横たわる。（18H、P71、ジェームズ・ブレード他、1892年）

㉚ペナード Pennard　W

イギリスで最も美しいと言われる南ウェールズの景勝地ガウア半島の海抜60メートルの高台にあり、「天空のリンクス」の異名を持つ。（18H、P71、ジェームズ・ブレード他、1896年）

㉛ロイヤル・ポースコール Royal Porthcawl　W

硬く締まった速いグリーンに驚嘆！　ゴースの群落越えに勇気を奮ってドライバーを振る。ブリストル湾の絶景を愉しんでいる余裕はない。（18H、P72、チャールズ・ギブソン他、1891年）

㉜ロイヤル・カウンティダウン Royal County Down　N

高台にある18番パー4のティーグラウンドに立てば、雄大な山を背景に、左手には恐るべきゴースの群落、右手には恐ろしげなバンカーが待つ。（18H、P71、トム・モリス、1889年）

㉝ロイヤル・ポートラッシュ（ダンルース・リンクス）Royal Portrush　N

1951年に一度全英オープン開催地となった。びっしりと生えたラフに囲まれたフェアウェイは狭く、無数のポットバンカーがあり手ごわい。（18H、P72、ハリー・コルト、1888年）

㉞バリーリッフィン（グラシェディ・リンクス）Ballyliffin　I

三方を山に囲まれた広大なリンクスランドに、新旧2つのコースがひっそりと佇んでいる。雄大な地形を生かした新コースが素晴らしい。（18H、P72、パット・ラディ、1995年）

㉟ロサペナ（サンディヒルズ・リンクス）Rosapenna　I

高台にある雄大な砂丘を巡れば個性的なホールが次々と現れ興が尽きない。海と山への絶景に見惚れてプレーを忘れそうになる。（18H、P71、パット・ラディ、2003年）

㊱カウンティ・スライゴ County Sligo　I

高台からスタートして海沿いに下りて行き、また高台に戻る。山と海の絶景を愉しみながら白球を追って夢のような時間がすぎる。（18H、P71、バリー・コルト他、1894年）

㊲エニスクローン Enniscrone I

キララ湾に突き出した細長い半島を占めるリンクス。1974年に付加された海に接した9ホールはなんとも感動的。(18H、P73、エディ・ハケット他、1925年)

㊳カーン Carne I

大西洋に突き出した半島を占める雄大な地形を巧みに生かした難コース。強風と地形に翻弄されていればゴルフは格闘技だと思い知る。(18H、P72、エディ・ハケット、1993年)

㊴コニマラ Connemara I

アイルランドの最深部にある雄大なリンクス。目前に大西洋への視界が開け、遠くにコネマラ国立公園の山々を望む。(18H、P72、エディ・ハケット、1973年)

㊵ラヒンチ(オールドコース) Lahinch I

変化に富んだ雄大な地形を生かした比類のないホールが続く。コースに山羊が放し飼いにされているのが珍しい。(18H、P71、トム・モリス他、1892年)

㊶バリーバニオン(オールドコース) Ballybunion I

神の造形が織りなす偉大なリンクス。大西洋の怒濤が砕け散り霧となって、遥か先まで続く起伏に富んだフェアウェイに降り注ぐ。(18H、P72、トム・シンプソン他、1893年)

㊷トラリー Tralee I

美しい砂浜の向こうに見えるディングル半島の山々に見惚れている余裕はない。海沿いの断崖に接した危険なホールが続く。(18H、P71、アーノルド・パーマー、1984年)

㊸ディングル Dingle I

秘境ディングル半島の先端にあるヨーロッパ最西端のコース。大西洋からまともに吹き付ける猛烈な風を堪能できる！ (18H、P72、エディ・ハケット他、1972年)

㊹ウォータービル Waterville I

有数の景勝地「リングオブケリー」の先端にあり、「美しい怪物」の異名を持つ。マス釣り、フライフィッシング、海釣りの名所でもある。(18H、P72、エディ・ハケット他、1889年)

㊺ユーロピアン Europian I

名匠パット・ラディが自ら開発した理想のリンクスコース。12番から16番まで、海に接した素晴らしいホールが続く。(18H、P71、パット・ラディ、1989年)

※カッコ内は、ホール数、パーの計、設計者、開場年を示しています。
S=スコットランド　E=イングランド　W=ウェールズ　I=アイルランド　N=北アイルランド

厳しい自然が感性と想像力を鍛える

ぼくがリンクスに魅かれるのは、人為が最小限に抑えられ、野生が保たれているからです。手つかずの原野であるラフには、貴重な動植物が生息していることがあります。

リンクスには、ベント、フェスキュー、メドウなど、その土地に由来する野生の芝草が競い合って生えています。そのため、リンクスのフェアウェイの表面は様々な色合いの緑と茶色のまだら模様に覆われていますし、芝草はいわば〝雑草〟なのですから、除草剤や肥料の使用は最小限です。

ひとつひとつのリンクスはそれぞれに個性的で、一度プレーしただけでコース

マクリハニッシュの海越えの1番ホールは劇的な幕開け。
干潮であれば砂浜から第2打を打つことも可能

の特徴が記憶に残ります。リンクスは神の造形だからです。人間には決してつくりだせない精妙な造形に心打たれます。

リンクスのフェアウェイには大きなうねりやこぶがあります。たとえフェアウェイのど真ん中にショットを放っても、こぶに蹴られ、強風に運ばれて、ボールが深いバンカーに飛び込むことがあります。逆に、運がよければ、ミスショットがこぶに蹴られてグリーンに乗ることもあります。

リンクスでプレーしていると、目の前の出来事に一喜一憂することがなくなります。リンクスでは忍耐力が試され、辛抱強さを覚えるのです。

リンクスには一日中、海風が吹き続けています。ときには歩けないぐらいの強風が吹いていることもあります。そんな日でもプレーを躊躇することはありません。リンクスに風はつきものです。カートを引きながら低い姿勢で黙々と歩き、ボールにたどり着いたら、風で吹き上がらない低いボールを打つことに専念します。

猛烈な向かい風のなかでは、たとえ100ヤードでも、短く握ったドライバーを使うことがあります。低いボールを打つ秘訣は、ロフト角が小さいクラブを使うことだと自然にわかってきます。

かつては、グリーンへの距離表示は皆無でした。最近では、ビジターのために150ヤードを示す杭を立てているところも増えてきました。しかし、風が強いときにはヤード杭は役に立ちません。風を感じてクラブを選んでいるうちに、「これだったら7番アイアンで軽くハーフショットかな」というように直感が働くのです。強風のなかでプレーしていれば、自然と対話している気分になります。

波のようにうねる大きなグリーンに向かってアプローチをするときも、ありったけの想像力を働かせます。ボールがカップに寄っていく様子を心に描くのです。パターで転がし上げるのか、9番アイアンでエッジ近くに落としてあとは転がすのか、8番アイアンで手前の斜面にぶつけてワンクッションさせるのか、SWで高く上げてカップの手前に落とすのか、様々な選択肢が頭に浮かびます。イメージさえ鮮明になればカラダは自然に動きます。

リンクスに身を置いていると、色々なしがらみが消えていき、本来の自分に還っていく感じがします。幼いころに野原で遊んでいたときのように、自分を解放し、自然と一体になることができる。そして、カラダの奥底に眠っていた野性が目を覚ますような気分になります。

ぼくはリンクスでのプレーを通じて自然と戦う意識をとっくに捨てました。強い風のなかでは思考や計算は役に立たないのです。頼りになるのは感性や想像力。つまり、自然と対話をしながら感性と想像力を鍛えるのです。

伝統のクラブライフを体験する贅沢

オノラブルカンパニーのホームコースは、地名にちなんで「ミュアフィールド」と名付けられています。1891年に開場して、翌年、早くもジ・オープンの開催地になったことからすると、このコースの評価はたちどころに定まったのです。それ以来、計15回にわたってジ・オープンの開催地となっています。2013年には、11年ぶりに再びジ・オープンの開催地となります。

チャンピオンティーから全長7209ヤード（パー71）と聞いて、与しやすいコースだと思われるかもしれません。しかし、深いラフ、垂直の壁に囲まれた数多くのバンカー、硬く締まったフェアウェイとグリーン、そして吹き続ける強風に阻まれて、プロでも大叩きしてしまう手ごわいコースなのです。2002年、ここで開催されたジ・オープンの3日目の午後に到来した寒波と横殴りの雨のなかで、タイガー・ウッズが、1996年にプロ転向して以来最悪のスコア81（1バーディ、7ボギー、2ダブルボギー）を叩いたのが大きな話題になりました。

ミュアフィールドの難しさの根源は、数々の名コースを設計した巨匠、ハリー・コルト

●新旧のコースレイアウト

「行って来い」のレイアウト
セントアンドルーズ・オールドコース

ミュアフィールドは、トム・モリスの設計で1891年に開場。1928年の追加土地買収に伴い、ハリー・コルトが再設計して現在の画期的なレイアウトに生まれ変わった

新機軸のレイアウト
ミュアフィールド

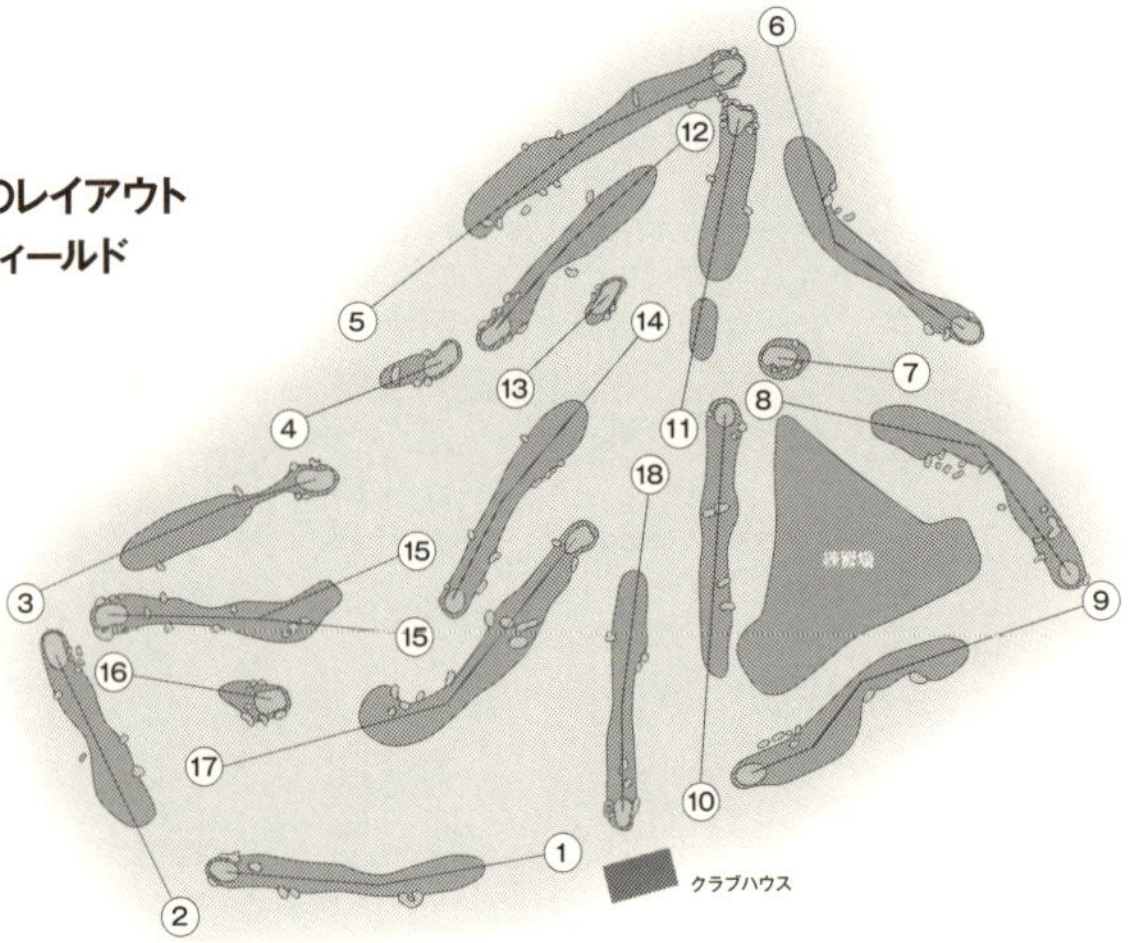

の手になる新機軸のレイアウトにあります。

セントアンドルーズ・オールドコースをはじめとする多くの古いリンクスでは、海岸に沿って9ホール進んで、突き当たってから9ホールを戻るレイアウトになっています。そのため、前半の9ホールが（ゴーイング）アウト、戻りの9ホールが（カミング）インと呼ばれるようになったのです。海に沿った遮蔽物のない吹きさらしの土地では、風は一定の方向から吹き続けます。そのため、旧来の「行って来い」のレイアウトでは、9ホールにわたって同じ方向から風が吹くので対処がしやすいのです。

ところが、ミュアフィールドは、時計回りの9ホールと、逆時計回りの9ホールから構成されています。そのため、ホールごとに方向が変わる風に対応するのが難しくなりゲームの興が増すのです。

オノラブルカンパニーでは、最上質のリンクスであるミュアフィールドでプレーするだけでなく、世界最古の格式高いクラブライフを体験することができます。予約さえすれば、コースだけでなくクラブハウスにおいても、会員たちと同じように振る舞うことができるのです。正餐《せいさん》をはさんでの午前と午後の2ラウンドは忘れがたい思い出になります。

人生の最後にもう一度だけゴルフができる、とすれば、ぼくは迷うことなくミュアフィールドを選びます。ただ問題なのは、マッチプレーを共にする気の合った友人の同伴が必要なことです。人生最後のプレーのためにも、心を許した友が必要なのです。伴侶なら喜んで同伴してくれる（はず）でしょう。しかし、残念ながらクラブハウスに女性が立ち入ることは許されていません。

世界中からゴルファーが押し寄せる一方で、スタート枠は火曜日と木曜日の午前中9組に限定されています。そのため、11月中旬に次年度のビジター料金が告知されるやいなや、5〜9月の予約枠はすぐに埋まってしまいます。早めに予約をするか、ゴルフシーズンを外して10〜4月に訪れる必要があります。予約が取りにくいとしても、メンバー同伴でなければプレーさせない、などという野暮な制限が一切ないのが、粋なイギリス流というかスコットランド流です。

ぼくが初めてミュアフィールドでプレーしたのは2003年のことです。そのころは、予約なしで訪れた有名人がプレーを断られたという神話がもっともらしく語られていたので、所属クラブの支配人の紹介状を添えて丁重な手紙を送ってプレーの予約をしました。今はインターネットで予約できることを思えば隔世の感がします。

送られてきた予約確認の書類には、様々なエチケットが記されていました。

いわく、4ボール（フォアボールか各自のストロークプレー）は午前中だけ許される、午後は2ボール（シングルかフォアサム）に限る、前後の組の進行に注意を払って追い付かれたら追い越させること、うんぬんです。一番驚いたのは、昼食時には上着とネクタイの着用が必要なことでした。実際に行ってみれば、なぜ上着とネクタイが必要なのかすぐにわかったのです。午前の18ホールと午後の18ホールのプレーの間に供されるのは、食前酒から始まり、前菜、メインディッシュ、デザート、食後酒まで2時間も続く、会員たちと同席しての正餐だったからです。エディンバラの名士たちが集う午餐会に招待されたような雰囲気です。

そして、再びゴルフウェアに着替えて1番ホールに進軍です。不思議な興奮に包まれた一日を過ごしたことを昨日のように覚えています。

270年の伝統が磨いた究極のクラブライフ

2003年に、ミュアフィールドでラウンドしたあとで、ひょんなことから、スコットランドの南東、イングランドに接したボーダーズ地方にある、ホーイックでカシミア製品をつくる会社を経営する、デービッド・サンダーソンさんと知り合って親しくなりました。ぼくが定年を迎えてからは、デービッドが所有するガランにある別荘を借りて、ゴルフ三昧の夏休みを過ごすようになりました。

デービッドは、ぼくがガランを訪れるたびにオノラブルカンパニーに招いてくれます。

ゲストとして何度も招かれて他の会員たちとも交流するうちに、オノラブルカンパニーの洗練されたクラブライフの実状がわかってきました。1744年に創立されて以来、270年あまりにわたって磨きあげられてきたオノラブルカンパニー流のゴルフの愉しみ方は洗練の極みなのです。その一端をお伝えしましょう。

デービッドは、午前8時30分ごろに迎えに来てくれます。5分後にはミュアフィールドに到着し、歴史的建造物（1902年竣工）に指定されている由緒ある元馬車小屋の駐車場に車を入れて、車から降ろしたキャディバッグを担いでクラブハウスへ向かいます。デービッドが暗証番号を打ち込んで、重々しい鉄製のゲートを開けて入場します。クラブハウスに入って、持参したジャケットなどをハンガーにかけて靴を履きかえます。そして、さっそく1番ホールに向かうのです。9時ごろであれば、週末でも閑散としています。自由にスタートしてよいのです。

デービッドとは、ハンディキャップを1つもらって1対1のマッチプレーをします。地の利もあって、なかなか勝たせてもらえません。もちろん賭けるのは名誉だけです。

ラフに打ち込んで横に出すだけになったり、深いバンカーから1打で脱出できなかったりしても、諦めることはありません。どんでん返しの可能性があるからです。

相手が先にパットを決めたりして勝負が決着すれば、「ユアホール！」と言って、ボールを拾い上げて次のホールに向かいます。ホールごとの決着なので、進行が速くて気持ちがよいのです。

あるとき、18番ホールをオールスクエア（引き分け）で終えました。握手するために手を出したら、デービッドが、まだ勝負はついていないと言って、ぼくを練習グリーンに連れて行くのです。

練習グリーンには9つのカップが切ってあり、1〜9の数字を記した小さな旗が風に翻っています。練習グリーンで、パットによる「サドンデス」のプレーオフをするのです。多くのリンクスで練習グリーンに9つのカップが切ってある理由がわかった瞬間でした。

無人の野を行くような快適なプレーを3時間足らずで終えて、12時ごろにクラブハウスに戻ります。ロッカールームでシャワーを浴びて、上着とネクタイを着用してから、「スモーキングルーム」と呼ばれる談話室に向かうのです。そこには、午後のゲームの相手をしてくれる2人が待っています。デービッドの2人の友人です。彼らに挨拶をして自己紹介をしてから、食前酒を飲みながら談笑します。このスモーキングルームには、ゴルフ史上有名な4〜5点の油絵が壁にかけられています。

デービッドと2人だけで行くときは、彼が、朝のスタート前に、ゲストであるぼくの名前とハンディキャップを記した紙片をプール（Pool）に投函します。すると、支配人がハンディを考慮しながら、ひとりでやってきた会員のなかから2人を選んで、午後の組み合わせを決めてくれます。そして、午後に一緒に回る会員2人がスモーキングルームで待っているのです。

食事のあとでは、ひとつのボールを交代で打つフォアサムをプレーします。会員の間では、フォアサムかシングルをプレーするのが一般的なのです。フォアサムが好まれる理由は、1つはパートナーシップ（協力関係）が問われるからであり、もう1つには、進行が速いからです。18ホールを2時間半ほどで回ります。

パートナーとあれこれやり取りをしながら、きびきびと進むフォアサムの快適さは、一度経験すると病み付きになります。

フォアサムを日本でプレーするのは困難です。後ろの速い組を追い越させる習慣がないからです。また、乗用カートが数珠《じゅず》つなぎになっているコースでは、そもそも物理的に前の組を追い越すことは不可能だからです。また、高いプレー代を払うのに、2人でひとつのボールをプレーするのでは損をする気がします（イギリスでは年会費を払えば何度プレーしても追加料金は不要）。

パー4やパー5のホールでは、ティーショットを打つときには、先回りしたパートナーが第2打地点で待っています（前のホールのグリーンから次のホールの第2打地点の間には斜めに歩径路が設けられています）。ティーショットをラフに打ち込んだとしても、パートナーが近くでボールが落ちるところを見ているのでボールを見つけやすいのです。

ティーショットを打ち終えたパートナーが第2打地点に向かって歩いて来る間に、ボールを探したり、第2打を打ったりします。

パー3のホールでは、パートナーがグリーンの脇で待機します。ティーショットが終われば、すぐに、アプローチやパットをします。その間に、ティーショットを打ったパートナーがグリーンに到着して、最後のパットをします。

フォアサムでは、パートナーシップが

オノラブルカンパニーの格調あるクラブハウスを背に、左からウィリアム（66歳、HC18）、友人のデービッド（42歳、HC7）、ハリー（75歳、HC15）。筆者とハリーが組んで白熱のフォアサムをプレー（年齢とHCはプレーした2004年当時）

勝負を左右します。そのため、ひっきりなしに声を掛け合うのです。自分がミスショットをしたあとに、パートナーが難しいショットを成功させて挽回してくれれば、「サンキュー、パートナー」と声を掛けます。パートナーがバンカーやラフから上手く脱出すれば、すかさず「ウェルアウト！　パートナー」と声を掛けます。

パートナーが素晴らしいティーショットを放ったあとで、ぼくが第2打をグリーン脇の深いバンカーに打ち込んだとき、思わず「ソーリー」と言ったことがあります。せっかくのティーショットを台無しにしたという意識が働いたからです。すると、パートナーから「ソーリーと言う必要はない」とたしなめられたのです。ミスショットをとがめないのがフォアサムの基本原則なのです。

こうやって声を掛け合いながら数ホールを回れば、パートナーシップが働くようになってきます。18ホールを終えれば、すっかり昔からの友だちのように感じます。そして、フォアサムこそがゴルフの原点だと身にしみて思うのです。

イギリスでは、「ビジター」と「ゲスト」は異なる概念であり、待遇も異なります。会員には年間に一定数のゲストを招待する権利が与えられています。オノラブルカンパニーのような格式高い名門でも、ゲストのプレー料金はわずか5ポンド（600円）にすぎないのです。

一日に36ホールを歩いて回り、2時間もかけて豪華な正餐を食べ、大いに飲んで会話をすれば、普通ならヘトヘトになってしまうところです。ところが、帰宅しても不思議に元気なのです。

それはグリーンとティーグラウンドが隣り合っているからです。また、硬く締まったリンクスを歩くのはなんとも快適だからです。さらには、吹き続ける新鮮で冷涼な海風が、心身のマッサージをしてくれます。

洗練された人々とのキビキビとしたマッチプレー、美味しい食事、酒を酌み交わしながらの歓談の妙なる組み合せは、270年の伝統が磨いたゴルフの恵みの極致です。

オノラブルカンパニーで一日を過ごせば、なんとも言えない充実感が心と体に残ります。ゴルフをやっていてよかった、精進してきてよかった、リンクスに通い続けてよかった、としみじみ思うのです。

オノラブルカンパニーに乾杯！　スコットランドに乾杯！

おわりに

4月の第2木曜日は、毎年恒例のひかみCCでの花見ゴルフの日です。満開の桜を愛でながら球打ちに興じるのはなんとも乙なものです。

桜は行く末を考えさせる花です。年をとってくると、満開の桜に感動するだけでは済まなくなります。同じ年配同士で花見ゴルフに出かけると、だれかが「あと何年、こうやって元気に桜を見られるかな」とつぶやくのです。他の皆が「そうだな」と答え、しばし遠くを見る目になります。

気を取り直して「さあ、また勝負だ」とキャディバッグからクラブを引き抜いて、マッチプレーを再開します。今愉しめるものは、ゴルフでも桜でも、なんであれ愉しんでおかなければ！　という心境なのです。

ホームコースでの競技会、我がコーチとの二人三脚、親しき友人たちとのマッチプレー、四季折々のゴルフ旅、リンクス巡礼、というように、ゴルフの年中行事が目白押しです。

孫たちとプレーする祖父母。弟はこの日がコースデビュー（ガランGC・No. 3コース）

年中行事のひとつひとつが生きる喜びであると同時に、精進への励みでもあります。

そうは言っても、年をとるにつれて体力と気力が衰えるのは自然界の掟です。筋力は25～30歳でピークに達し、その後は下降の一途をたどり、60歳ごろから急激に低下して70歳を過ぎると一段と低下するのだそうです。

下りの坂道をできるだけゆるやかにするのが肝心です。坂道を転がり落ちてしまっては、ゴルフ人生を完走するどころではなくなります。まだまだ心身ともに元気な50代のうちに、長いゴルフ人生に備えることをお勧めします。60歳での平均余命は24年。60歳からのゴルフ人生は長丁場なのです。

健康のためにも、精進という意味でも、リズムを刻みながら背筋を伸ばして股関節歩行を続けるのがゴルフ人生を完走するための大きなカギです。街中でもコースでも、「イーチ、ニィー」「イーチ、ニィー」と口ずさみながら、ゆったりとしたリズムを刻んで股関節歩行をします。疲れたら乗用カートに乗ればよいのです。次打地点の少し手前で乗用カートを降りて股関節歩行をすればリズム感を呼び覚ますことができます。

ゴルフは、老若男女が腕前にかかわらず一緒にプレーができる稀有なスポーツです。スコットランドでは、祖父母が孫たちと一緒にゴルフをしているところをよく見かけます。孫にゴルフの手ほどきをするのは祖父母の役割なのです。ぼくも孫たちにいずれゴルフの手ほどきをしたいと思っています。その日が来るのが楽しみでなりません。

スコットランドにおいては、ゴルフが地域社会を支えています。ゴルフをする人もしない人も、大人も子供も、男であれ女であれ、だれもがゴルフを心から愛しています。ゴルフは社会に深く根を下ろしているのです。ぼくがスコットランドに魅かれる一番の理由はそこにあります。リンクスの霊妙な力によって、ぼくは新しい次元のゴルフ人生へと導かれました。

本書では、リンクスに出会ってから15年かけてたどりついたぼくのゴルフ人生の境地を記しました。この本を道案内にして、ぜひ一度、親しいゴルフ仲間と連れ立ってスコットランドを訪れて、リンクスでマッチプレーを愉しんでください。必ずやこれからの長いゴルフ人生を全うするための勇気と元気をもらえることでしょう。

幸いなことに、ゴルフのおかげでぼくの人生は順風満帆で毎日が充実しています。これから先、ゴルフの恵みを味わい尽くしながらゴルフ人生を完走する目算は立っています。

イギリスは隅々まで見て回ったので、次は、歴史と美食を誇るイタリアにゴルフ旅をする計画を立てています。なんと、水の都ベニスにも1928年に開場した素敵なシーサイドコースがあるのです。ゴルフバッグを担いでベニスに向かうと思うだけでわくわくします。

カラダとスウィングの手入れに励みつつ、心優しいゴルフ仲間とともに、道中の景色を愉しみながら、ゆるやかに坂道を下って行こうと思っています。

2012年9月13日

山口信吾

GENTOSHA

死ぬまでゴルフ!

ゴルフ人生を全うするための18訓

2012年10月10日　第1刷発行

著　者　山口信吾

発行人　見城 徹

発行所　株式会社 幻冬舎
〒151-0051
東京都渋谷区千駄ヶ谷4-9-7

電　話　03(5411)6211(編集)
03(5411)6222(営業)

振　替　00120-8-767643

印刷・製本所　中央精版印刷株式会社

検印廃止

Printed in Japan ISBN978-4-344-02265-2 C0095

幻冬舎ホームページアドレス
http://www.gentosha.co.jp/
*この本に関するご意見・ご感想をメールでお寄せいただく場合は、
comment@gentosha.co.jpまで。